ORIENT VEGAN

AROMATISCH, WÜRZIG, BUNT

IKRAME & FATIMA EL BOUAYADI

ORIENT VEGAN

AROMATISCH, WÜRZIG, BUNT

Fotografie: Pascale Cholette

VORWORT

Schon oft habe ich mich gefragt, warum die Gerichte meiner Mutter, wenn ich sie koche, nicht genauso köstlich schmecken, wie wenn sie sie zubereitet. Um hinter ihre Geheimnisse zu kommen, habe ich ihr viele Fragen gestellt. Ich habe ihre Rezepte Schritt für Schritt nachgekocht, um ihre spezielle Zubereitungsart zu erlernen. Ich habe sie aufgeschrieben – das Ergebnis ist dieses Buch.

Unsere Mütter haben für die Gerichte ein gewisses Gespür, das sich nicht mit Vernunft oder nach Plan erlernen lässt. Es geht um verborgene Nuancen, die diese Gerichte so unvergleichlich machen. Selbst wenn wir uns genau an das Rezept halten, fehlt etwas.

Kleine Geheimnisse, die sich schwer in Worte fassen lassen, aber doch den entscheidenden Unterschied machen.

Die Küche meiner Mutter spricht eine eigene Sprache, mit ihrem persönlichen Ausdruck, ihrer Syntax, ihrer Aussprache, ihren Konjugationsregeln ... Jedes Gewürz, jede Farbe, jede Textur ist ein Gedicht. In meiner Familie ist Kochen ein Kommunikationsmittel, man drückt mit Kochen seine Gefühle aus, wenn man die passenden Worte nicht findet oder sie nicht aussprechen möchte. Der emotionale Zugang zum Kochen ist vielleicht auch der Grund, weshalb die Rezepte vor allem mündlich weitergegeben werden.

In den Gerichten meiner Mutter schmecke ich mit jedem Bissen ihre bedingungslose Liebe. Auch wenn dieses Buch »nur« ein Kochbuch ist, ist es für mich weitaus mehr, nämlich die Möglichkeit, unsere Geschichte zu überliefern. Die Weitergabe von Kultur, Tradition, unseres Erbes und vor allem die Weitergabe einer tiefen Zuneigung. Meine Mutter hat mir ihre Rezepte mit der ihr eigenen Hingabe beigebracht. Mit diesem Buch möchte ich wiederum die köstlichen Rezepte teilen und ihr gleichzeitig für das danken, was sie mir gegeben hat.

Auch wenn sich die orientalische Küche innerhalb der Familien ständig weiterentwickelt, möchte ich mit diesem Buch die Zeit ein bisschen anhalten.

Ich wünsche Ihnen eine schöne kulinarische Reise!

IKRAME

Für meine Familie leckere Gerichte zu kochen, ist für mich ein Vergnügen. Unsere Mahlzeiten sind Rituale, kostbare Momente, in denen jeder seine Arbeit, seine Sorgen, seinen Computer und sein Telefon vorübergehend beiseitelässt.

Beim Kochen lege ich großen Wert auf die Qualität der Zutaten. Ich liebe es, mein eigenes Gemüse anzupflanzen, mich um die Ernte zu kümmern und meine Gerichte mit den frischen Produkten, die mir zur Verfügung stehen, zusammenzustellen. Die Gesundheit meiner Familie liegt mir sehr am Herzen, und auch deshalb ist es für mich wichtig, die Mahlzeiten selbst zuzubereiten. So weiß ich immer, was darin enthalten ist. Ich mache beispielsweise meine Saucen oder Marmeladen immer selbst und achte darauf, nichts zu verschwenden. Alles wird innerhalb weniger Tage verwendet oder konserviert.

Die Gerichte, die ich zubereite, habe ich von meiner Mutter gelernt und es macht mich stolz, sie an meine Töchter und Enkelinnen weitergeben zu können. Ich habe schon sehr früh mit dem Kochen begonnen, um meiner Mutter helfen zu können. Als meine Tochter Ikrame mir von diesem Buchprojekt erzählte, war ich sehr überrascht. Ich finde meine Küche »gewöhnlich«, weil ich gerne einfach und unkompliziert koche. Ich bin immer wieder erstaunt über die Reaktionen meiner Kinder, die mir sagen, dass mein Essen unnachahmlich schmeckt.

All meine Tipps sind in diesem Buch zu finden, aber einen allgemeinen Ratschlag möchte ich vorausschicken, nämlich immer auf die Qualität der Zutaten zu achten und sich ihnen mit Freude und Hingabe zu widmen. Ich muss gestehen, dass präzise Vorgaben und genaues Abwiegen mir beim Kochen eher fremd sind, aber ich habe mithilfe meiner Tochter mein Bestes getan, um alles so genau wie möglich wiederzugeben.

Ich wünsche mir von ganzem Herzen, dass das Buch Sie zum Nachkochen anregt und vielleicht auch dazu, Ihre eigenen Rezepte mit anderen zu teilen. Meine Rezepte sind traditionell und gleichzeitig eben so, wie ich sie koche, manchmal vereinfacht, manchmal etwas abgewandelt. Denn in der orientalischen Küche gibt es nie nur das eine Rezept oder die eine Art der Zubereitung. Probieren Sie doch auch alles aus und experimentieren Sie ein bisschen. Für mich ist Kochen eine Sache des Bauchgefühls. Folgen auch Sie Ihrer Intuition!

FATIMA

INHALT

BROTE UND FLADEN

VORSPEISEN

HAUPTGERICHTE UND SUPPEN

BEILAGEN

SÜSSSPEISEN

GETRÄNKE

GRUNDLAGEN DER ORIENTALISCHEN KÜCHE

EINE UNERMESSLICHE VIELFALT

Von der orientalischen Küche im Allgemeinen zu sprechen, wird ihrer spannenden Vielfalt nicht gerecht. Denn sie variiert von Familie zu Familie, und selbst wenn die Rezepte über Generationen weitergegeben werden, so werden sie doch abgewandelt und den modernen Ernährungsgewohnheiten angepasst. Beispielsweise gibt es heute vegetarische oder vegane Varianten, obwohl die meisten Rezepte traditionell mit Fleisch gekocht wurden.

In diesem Buch stelle ich Ihnen die Zubereitungsart meiner Mutter vor, so wie sie die traditionellen Rezepte kocht und wie sie in meiner Familie gegessen werden. Andere Familien kochen anders, genau das macht den Variantenreichtum aus.

Für meine Mutter sind beim Kochen Gefühl und Intuition die wichtigsten Zutaten. Dazu kommt noch eine große Prise Improvisation. Für die Gerichte verwendet sie die Gemüsesorten, die sie gerade vorrätig hat. So kommt ein und dasselbe »typische Essen« in vielen saisonalen Interpretationen auf den Tisch. Übrigens, gibt es überhaupt die eine typische Zubereitungsart in der orientalischen Küche? Nein, denn auch sie variieren von Region zu Region, von Dorf zu Dorf, von Dialekt zu Dialekt, von Mutter zu Mutter und sogar von Tochter zu Tochter ...

Ich liebe es, wie sich unsere orientalische Küche ständig weiterentwickelt. Vielfalt und Variation hat sie schon immer ausgezeichnet. Früher wurde beispielsweise viel Weizen und Gerste verwendet. Heute sind glutenhaltige Getreidesorten weniger beliebt und es werden Alternativen eingesetzt. Das Gleiche gilt für raffinierten Zucker und für bestimmte Fette.

UNSERE HEIMAT

Meine Familie stammt aus dem Norden Marokkos, aus der Berberregion des Rif (Al Hoceima und Temsamane). Diese Region hat sogar ihre eigene Sprache (Amazigh) und natürlich eigene Bräuche. Hier vereinen sich Einflüsse aus Spanien, des Maghrebs und des Nahen Ostens. Die klimatischen Bedingungen sind ganz anders als beispielsweise in den Küstenregionen.

Dadurch sind viele Gerichte entstanden, die vielleicht nicht mehr den heutigen Essgewohnheiten entsprechen, etwa die Bällchen aus gerösteter Gerste (S. 64) oder die Gerstensuppe (S. 110). Denn diese Gerichte wurden ursprünglich als Energielieferant für die rauen Temperaturen im Rifgebirge erdacht. Das erklärt, warum viele Rezepte in ihrer ursprünglichen Form so gehaltvoll sind, etwa wenn Hülsenfrüchte mit Brot kombiniert werden.

DIE GEMEINSAMKEITEN

Die Rezepte variieren von Familie zu Familie und doch gibt es ein Gemeinsames – die kulturellen Werte der orientalischen Küche: Geselligkeit, Gastfreundschaft, das Teilen miteinander und Großzügigkeit. Werte, die in der Zubereitungsart, in den Mengen und Portionen und in der Art und Weise, wie man Gäste bei sich zu Hause willkommen heißt, zum Ausdruck kommen. Jetzt verstehen Sie auch, warum es gar nicht so einfach war, meine Mutter dazu zu bringen, die Mengen der Zutaten in den Rezepten abzumessen, da bei ihr alles »nach Augenmaß« gekocht wird und normalerweise in großen Mengen, weil man ja immer damit rechnet, dass sich in letzter Minute noch ein unerwarteter Gast einfindet. Aber trotzdem wird nichts verschwendet, denn alles, was übrig bleibt, wird sorgfältig aufbewahrt und verwertet.

Eins ist und bleibt wichtig: das Prinzip der Einfachheit. Zugegeben, einige Rezepte – vor allem für Süßspeisen – mögen kompliziert erscheinen, aber die meisten meiner Lieblingsgerichte kommen mit einigen wenigen Zutaten aus. Gutes Gemüse, ein paar Gewürze, aromatisches Olivenöl reichen aus.

KEINE FERTIGPRODUKTE, ALLES SELBST GEMACHT

Bei meiner Mutter gibt es kaum verarbeitete Lebensmittel. Sie kocht mit frischen und rohen Zutaten. In ihrem Kühlschrank findet man hauptsächlich Obst und Gemüse, im Vorratsschrank verschiedene Getreidesorten (Weizen, Gerste, Mais), Trockenfrüchte und Hülsenfrüchte. Sie nimmt sich viel Zeit, um alles in gutes Essen zu verwandeln, und sie macht von manchen Rezepten immer gleich größere Mengen, um einen Vorrat anzulegen (gegrillte Paprika, eingelegte Tomaten). »Alles eine Frage der Organisation«, sagt sie. Und sie achtet besonders darauf, nichts wegwerfen zu müssen und alles zu verwerten: Blätter, Schoten, Schalen. So kommen beispielsweise auch Bananenschalen bei der Blattpflege ihrer Zimmerpflanzen zum Einsatz.

BROT KAUFT MAN NICHT, MAN BACKT ES SELBST

Meine Mutter backt ihr eigenes Brot. Es gehört einfach zu vielen Mahlzeiten dazu, beispielsweise zu Tajines. Und selbst gebacken ist es immer frisch und viel gesünder.

Unser Brot wird meistens aus Weizenmehl gebacken, aber man kann die Getreidesorten variieren. Meine Mutter verwendet vor allem Vollkornmehl. Bei uns in der Familie dient das Brot oft auch als Gabel, um das Essen zum Mund zu führen.

OLIVE, GELIEBTE OLIVE

Fruchtiger Geschmack, herrlicher Duft und eine dunkelgrüne Farbe, das ist unser Olivenöl aus Marokko! Die Oliven wachsen auf unserem Grundstück und werden direkt nach der Ernte gepresst. Meine Eltern bringen unser Olivenöl mit, wenn sie von ihrer Reise nach Marokko zurückkommen, und verschenken es an die ganze Familie. Es eignet sich hervorragend zum Verfeinern der Speisen und sollte vorzugsweise kalt verwendet werden. Und auch die Oliven selbst sind ein wichtiger Bestandteil der orientalischen Küche, entweder als Zutat in einem Rezept oder auch für sich allein genossen.

TAUSENDUNDEINE FARBE

Aromatische Kräuter
Frische Kräuter (Koriander, Petersilie, Thymian, Minze) dürfen auf keinen Fall fehlen. Am besten verwendet man sie frisch, meine Mutter friert sie aber auch manchmal ein, weil es einfach praktisch ist. Für viele Rezepte nimmt sie eine Mischung aus Koriander und gehackter glatter Petersilie. Beide Kräuter sind ein absolutes Muss. Auch Thymian gehört dazu, wie beispielsweise in den Grießfladen (S. 26). Minze hingegen wird vor allem in Tee verwendet (S. 168) oder für Taboulé (S. 54).

Gewürze
Gewürze sind in allen Ländern des Orients und in allen Gerichten eine wichtige Zutat. Für jeden Geschmack und in allen Farben. Sie verfeinern, färben und würzen die Speisen. Wie eine Künstlerin hat meine Mutter viele kleine Gewürzdöschen, von denen nur sie das Geheimnis ihrer Verwendung und vor allem der Dosierung kennt. Instinktiv setzt sie die Aromen ein und die ganze Küche erfüllt sich mit herrlichem Duft. Schon lange versuche ich, es ihr gleichzutun, aber ich muss zugeben, dass meine Gerichte immer viel zu scharf ausfallen. Die Dosierung ist wirklich eine Frage der Übung und Erfahrung!

Folgende Gewürze (gemahlen) sind unverzichtbar und verleihen den Gerichten ihren unverkennbaren Geschmack:

• **Kreuzkümmel:** Er sorgt für eine leicht bittere Note, beispielsweise in Gemüsegerichten oder in Kombination mit Hülsenfrüchten.

• **Paprika:** Meist süß, für eine feine Würze, beim Anbraten von Kartoffeln oder um einen Farbtupfer zu setzen.

• **Ingwer:** Gemahlen viel milder als frischer Ingwer. Er wird häufig in Tajines und Schmorgerichten verwendet.

• **Zimt:** Wird nicht nur für Gebäck verwendet, sondern verleiht auch verschiedenen Tajines das gewisse Etwas.

• **Kurkuma:** Ihr warmer Geschmack und ihre gelbe Farbe machen sie unverzichtbar für Schmorgerichte.

• **Koriandersamen:** Perfekt in Couscous, Tajines und Schmorgerichten.

• **Chili:** Verleiht den Gerichten einen Hauch von Schärfe. Meine Mutter verwendet vorzugsweise frische Chilischoten.

• **Pfeffer:** Vor allem weißer Pfeffer zum Abschmecken der Speisen.

Meine Mutter würzt auch mit Safran, grünem Anis, Bockshornkleesamen und Gewürznelken, das sind spezielle Gewürze, die nur bei bestimmten Rezepten zum Einsatz kommen. Die meisten dieser Gewürze sind für Schmorgerichte geeignet, die bei niedriger Hitze garen, oder sie werden erst am Ende hinzugefügt.

DIE ORIENTALISCHE ESSKULTUR

Der Schlüssel zu einem guten orientalischen Gericht? Großzügigkeit bei den Mengen und bei der Qualität der Zutaten. Auch in der Art und Weise, wie wir essen, spiegelt sich diese Großzügigkeit wider: Alle sitzen zusammen vor einer großen Schüssel, die in der Mitte des Tisches steht. Das Essen bildet einen Mittelpunkt des Familienalltags.

Auf dem Tisch stehen auch viele kleine Teller oder Schalen, in denen die unterschiedlichsten warmen oder kalten Salate und andere Beilagen angerichtet sind. Dazu gibt es Brot, Fladenbrot, Oliven und Trockenfrüchte, vor allem Datteln. Es ist üblich, dass der Tisch mit zahlreichen großen und kleinen Tellern gedeckt ist.

Besonders ausgeprägt ist dies beim Iftar (Fastenbrechen beim Ramadan). Zahlreiche Speisen werden in großen Mengen angerichtet, und die bunten Schüsseln, Teller und farbenprächtigen Speisen sind Teil des kulinarischen Erlebnisses.

Bei uns zu Hause werden die Teller immer leer gegessen – auch wenn sie sehr groß sind. Dadurch fühlt sich der Gastgeber geehrt und man zeigt ihm, dass es gut geschmeckt hat. Es ist eine Form, Danke zu sagen. Hier schwingt auch ein religiöser Aspekt mit: Wer seinen Teller leer isst, so sagt man, habe den Segen Gottes.

ASPEKTE AUS DER ERNÄHRUNGSKUNDE

NEUGIERIG AUF DIE NATUR

Mein Interesse für die Zusammenhänge zwischen Natur und Gesundheit habe ich von meiner Mutter, die mir von Kindheit an ihr Wissen und ihre Neugier in Bezug auf Pflanzen, Kräuter, Gewürze und Lebensmittel im Allgemeinen weitergegeben hat. Schon als Kind sammelte ich gerne Seiten aus Zeitschriften, die über die positive Wirkung von Lebensmitteln und Pflanzen berichteten. Meine Mutter hat mir also nicht nur ihre Rezepte beigebracht, sie hat mir auch das Interesse mitgegeben, nach Möglichkeiten zu suchen, wie man auf natürliche Weise etwas für seine Gesundheit tun kann. Das ist mir zur Lebenseinstellung geworden, die weit über das Essen hinausgeht. Schon früh hat meine Mutter mich mit den Wirkungen der Pflanzen vertraut gemacht. Ich denke da etwa an Henna, das wir seit unserer Kindheit zur Pflege unserer Haare verwenden, oder an Schwarzkümmelsamen, die in vielfältiger Weise gut sind für unsere Gesundheit.

All das hat mich dazu bewogen, eine Ausbildung in diesem Bereich zu machen und Coach für integrative Ernährung zu werden, um Menschen gezielt dabei zu unterstützen, ihr Wohlbefinden auf natürliche Weise zu verbessern.

GUTE ERNÄHRUNG FÜR GANZHEITLICHES WOHLBEFINDEN

Mein Ansatz besteht darin, die Gesundheit durch natürliche »Maßnahmen« zu erhalten und zu verbessern. Die drei Säulen sind: Ernährung, körperliche Bewegung und mentale Stärke (Umgang mit Stress und Emotionen). Zusätzlich wird empfohlen: Wasseranwendungen (Sauna, Hammam), Pflanzenwirkstoffe (Kräutertees, ätherische Öle), Massagen. Alles dient der Vorbeugung von Beschwerden, ersetzt jedoch niemals den Rat eines Arztes. Die natürlichen Maßnahmen sind immer nur als Ergänzung zu betrachten.

Das Beste, was man für seinen Körper tun kann, ist, sich für eine gesunde Lebensweise zu entscheiden. Die Lebensweise wirkt sich unmittelbar auf unsere persönliche Lebensenergie aus. Unsere Lebensenergie verändert sich im Laufe der Zeit und ist wiederum abhängig von unseren Lebensumständen. Alles wirkt sich direkt auf unsere Gesundheit aus.

Ich versuche, den Menschen in seiner Gesamtheit zu sehen (Körper, Geist, Seele, Lebensgewohnheiten, Lebensgeschichte) und immer als Individuum – denn alle Menschen sind verschieden. Die Ursachen von Beschwerden und Symptomen werden analysiert, indem die ganze Person betrachtet wird.

---

[1] *Weitere Informationen finden Sie auf meiner Website meendi.com (auf Englisch).*

SÄULEN EINER GESUNDEN LEBENSWEISE

Sich richtig ernähren

»Eure Nahrungsmittel sollen eure Heilmittel sein und eure Heilmittel sollen eure Nahrungsmittel sein«, sagte Hippokrates. Ernährung ist grundlegend und lebenswichtig. Sie kann sowohl die Basis einer guten Gesundheit sein als auch die Ursache von Beschwerden, wenn sie nicht in Einklang mit unseren physiologischen Bedürfnissen steht.

Jeder reagiert etwas anders auf eine bestimmte Ernährungsweise, auf spezielle Lebensmittel oder auf eine Zubereitungsart. Die Ernährung ist also individuell abzustimmen und muss Lebensweise, Tagesrhythmus, Stoffwechsel, körperliche Voraussetzungen und psychische wie physische Belastungen berücksichtigen. Eine für alle geeignete Ernährungsweise gibt es nicht. Aber es gibt ein paar Grundregeln:

• Lebensmittel in ihrem **natürlichen Zustand** zu sich nehmen, idealerweise unverarbeitete und unraffinierte Lebensmittel. Das bedeutet, auf Fertigprodukte zu verzichten und nichts zu verwenden, bei dem künstliche Geschmacksverstärker und Farbstoffe, Konservierungsstoffe und Emulgatoren zugesetzt wurden.

• Dem Organismus eine **lebendige Ernährung** zuführen, d. h. Rohkost, milchsäurehaltige Lebensmittel für das Gleichgewicht der Darmflora, Sprossen. Alles **möglichst regional und saisonal.** Hochwertige Lebensmittel mit Fettsäuren, Mineralstoffen, Enzymen, Aminosäuren und Ballaststoffen geben uns die Energie, die wir benötigen.

• Für eine optimale Nährstoffaufnahme sollten nur Produkte aus **biologischem Anbau** verwendet werden, die nicht mit Chemikalien oder Pestiziden belastet sind.

• Zudem ist auf eine **ausreichende Flüssigkeitszufuhr** zu achten, damit alle Zellen optimal versorgt werden.

• Kaffee, Schwarztee, Alkohol, Süßigkeiten und andere »Scheinnahrung« sollten reduziert oder ganz vermieden werden.

Zahlreiche Studien zeigen einen direkten **Zusammenhang zwischen Ernährung und unserer Darmgesundheit**. Der Darm spielt eine entscheidende Rolle für unser allgemeines Wohlbefinden. Er hat Einfluss auf unser Immunsystem, unsere Stimmungslage, unsere Herz-Kreislauf-Gesundheit. Dies sollten wir immer bedenken.

Gut schlafen

Guter und ausreichender Schlaf ist für unsere Energie, Regeneration und den Erhalt der Körperfunktionen unerlässlich. Im Schlaf werden unsere Batterien aufgeladen. Unser Körper regeneriert sich. Auch unser Gehirn sortiert und speichert im Schlaf die Eindrücke und Informationen, die es im Laufe des Tages gesammelt hat.

Der Zusammenhang zwischen gutem Schlaf und geistiger Gesundheit, Konzentrationsfähigkeit, aber auch unserer mentalen Stärke wurde in vielen Studien nachgewiesen. Die Bedeutung, die Schlaf für unser Wohlbefinden und inneres Gleichgewicht hat, darf nicht unterschätzt werden: 7 bis 9 Stunden Schlaf werden für Erwachsene empfohlen.

Die Batterien richtig aufladen

Unsere Lebensenergie wird von vielen Faktoren beeinflusst, dazu gehören vor allem Ernährung und Schlaf. Aber es gehören noch andere Dinge dazu, die unsere Gesundheit unterstützen. Jeder hat seine eigene Methode, wie er seine Batterien wieder auflädt. Sport, Zeit mit der Familie oder Freunden, Meditations- oder Entspannungstechniken, Kreativsein, Sonnenbaden, Malen, Musik oder Spaziergänge in der Natur sind nur einige Möglichkeiten.

Optimal entgiften

Unser Körper tut sein Bestes, Abfallprodukte und Giftstoffe auszuleiten. Die auszuscheidenden Stoffe können entweder aus den Stoffwechselvorgängen im Körper selbst stammen oder von außen kommen, etwa Pestizide, Chemikalien und andere Schadstoffe. Die Ausscheidung erfolgt über die Lunge, Nieren, Leber, Darm und Haut. Diese Organe müssen gesund sein, damit eine optimale Entgiftung stattfindet.

Mit sportlicher Betätigung können alle Organe am besten stimuliert werden, die Blut-, Lymph- und Zellzirkulation wird angekurbelt, die Durchblutung gefördert und damit die Ausscheidung von Toxinen beschleunigt.

Psychische und mentale Stärke

Manchmal fühlen wir uns psychisch belastet, wir grübeln und unsere Gedanken kreisen immer um dieselben Probleme. Dadurch wird dem Körper wertvolle Energie entzogen, es kommt zu Schlafstörungen, Konzentrationsschwierigkeiten oder Ähnlichem.

Zur Stressbewältigung helfen Entspannungstechniken wie Meditation oder Herzkohärenztraining. Unsere Ernährung und unsere Bewegungsgewohnheiten haben großen Einfluss darauf, wie es uns geht, und umgekehrt hat auch unsere psychische Verfassung große Auswirkungen auf unser Essverhalten. Ein ganzheitlicher Ansatz ist unerlässlich, da Körper und Geist zusammengehören.

PASST DAS ZUR ORIENTALISCHEN KÜCHE?

Ja, diese Erkenntnisse lassen sich durchaus in die orientalische Küche integrieren. Denn orientalisches Essen ist weit mehr als fleischhaltige Schmorgerichte oder fettiges Süßgebäck.

Und gesund heißt nicht, dass es langweilig schmecken muss. Ganz im Gegenteil, Essen muss ja schließlich Freude machen. In diesem Buch finden Sie Rezepte, die die orientalische Küche, Gesundheit und vegane Ernährung miteinander verbinden.

Meine **7 Tipps,** wie Sie die orientalische Küche (und natürlich nicht nur diese) genießen und gleichzeitig etwas für Ihre Gesundheit tun können:

1. Obst und Gemüse im Mittelpunkt

Dieses Kochbuch enthält viele Rezepte mit Gemüse, das reich an Ballast- und Nährstoffen ist. Rohes Obst, Gemüse und Trockenfrüchte tragen erheblich zu unserer Gesundheit bei. Zahlreiche wissenschaftliche Studien belegen, dass eine Ernährung basierend auf Obst und Gemüse das Risiko chronischer und degenerativer Erkrankungen verringert.

2. Leicht verdauliche Proteine

Essen Sie hochwertige Proteine, die Ihr Körper leicht verdauen kann. Im Orient werden traditionell Fleisch und Fisch gegessen, aber zu besonderen Anlässen und nicht Tag für Tag. Entgegen einer weit verbreiteten Ansicht enthalten nicht nur tierische Produkte viele Proteine. Pflanzliche Proteinlieferanten sind:

- Mandeln, Cashewnüsse, Erdnüsse
- Getreide
- Sprossen
- Hanf
- Algen (z. B. Spirulina)
- Hülsenfrüchte: Bohnen, Linsen, Erbsen, Kidneybohnen, Kichererbsen, Lupinen, Sojabohnen und Sojaprodukte, besonders Tofu oder Tempeh
- Quinoa

3. Stärke und Zucker vermeiden

Traditionelle Rezepte der orientalischen Küche sind reich an Stärke, die kurzfristig viel Energie liefert, wie Brot, Hülsenfrüchte und Kartoffeln. Das war früher durchaus sinnvoll, denn die kurzfristige Energie wurde zum Arbeiten benötigt. Heute empfehle ich aus ernährungsphysiologischer Sicht, wann immer möglich Vollkornmehl zu verwenden. Stärkehaltige Nahrungsmittel sollten nur in Maßen zu sich genommen werden, da sie den Körper belasten. Ich

lege Ihnen ans Herz, als Beilage immer Gemüse zu essen, dadurch wird ein basischer Ausgleich geschaffen. Auch Süßspeisen wie Brioches, Plätzchen und Crêpes sind ein wichtiger Teil der orientalischen Esskultur. Sie kommen aber nicht täglich, sondern nur an Feiertagen auf den Tisch und ich empfehle auch Ihnen, sie überwiegend zu besonderen Anlässen zu genießen. Auch das gehört zu einem wertschätzenden Umgang mit Nahrungsmitteln.

4. Hochwertiges Olivenöl verwenden
Ein hochwertiges Olivenöl macht bei allen Rezepten, nicht nur in diesem Buch, den entscheidenden Unterschied. Bio-Olivenöle mit der Bezeichnung »Natives Olivenöl extra« aus der ersten Kaltpressung sind auf jeden Fall vorzuziehen, denn hier sind die essenziellen Fettsäuren noch enthalten.

Zahlreichen Studien zufolge haben die einfach ungesättigten Fettsäuren des Olivenöls (insbesondere die Omega-9-Fettsäuren), das ein fester Bestandteil der mediterranen Ernährung ist, entzündungshemmende Eigenschaften und wirken sich positiv auf die Gesundheit unseres Herz-Kreislauf-Systems aus.

5. Mit reinem Wasser kochen
Je nach Region und dem angewandten Verfahren zur Wasseraufbereitung kann Leitungswasser Spuren diverser Schadstoffe enthalten (Chlor, Hormone, Arzneimittel, Pestizide). Mineralwasser in Flaschen kann eine Alternative sein, aber hier ist zu bedenken, dass auch Plastikflaschen Schadstoffe abgeben können (ganz abgesehen von der Tatsache, dass es gilt, Plastikabfälle zu vermeiden).

Ein hoher Mineralstoffgehalt ist punktuell (quasi als Kur) interessant, aber auf lange Sicht wird er nicht empfohlen. Wählen Sie für die Zubereitung Ihres Essens also Wasser mit einem niedrigen Mineralgehalt, Quellwasser oder gefiltertes Wasser. Mit Wasserfiltersystemen kann Leitungswasser zu Hause leicht aufbereitet werden.

6. Hülsenfrüchte und Nüsse richtig einweichen
In Hülsenfrüchten sind sogenannte Antinährstoffe enthalten, mit denen sich die Pflanze vor Schädlingen und Fressfeinden schützt. Diese Stoffe erschweren uns die Verdauung und vermindern die Aufnahme der enthaltenen Mineralien wie Kalzium und Magnesium. Beispiele für Antinährstoffe sind Lektine und Phytate, die beispielsweise in Kichererbsen, Erbsen und Mandeln enthalten sind.

Indem man Hülsenfrüchte vor dem Kochen einweicht, kann man die Antinährstoffe ausschwemmen. Auch Stoffe, die die nach dem Verzehr von Hülsenfrüchten oft typischen Blähungen verursachen, werden durch das richtige Einweichen deutlich reduziert.

Ich empfehle Ihnen, beim Einweichen folgende Regeln zu beachten, um eine optimale Nährstoffaufnahme zu erzielen:

Anleitung zum Einweichen

- Die Hülsenfrüchte abspülen und auf einem Sieb abtropfen lassen.
- In eine große Schüssel geben und mit kaltem Wasser bedecken, auf einen Teil Hülsenfrüchte etwa drei Teile Wasser. Die Schüssel abdecken.
- Entsprechend der unten angegebenen Zeitdauer einweichen lassen.
- Einweichwasser abschütten, die Hülsenfrüchte in ein Sieb geben und gründlich mit kaltem Wasser abspülen.
- Sie können dem Kochwasser eine Prise Natron oder ein Stück Kombu-Alge zufügen, wodurch die Hülsenfrüchte schneller weich werden. So können Sie die Kochzeit reduzieren.

Einweichzeit von Hülsenfrüchten

- Kichererbsen: mindestens 12 Stunden
- Spalterbsen: 2 Stunden
- Weiße Bohnen: 12 Stunden
- Braune Linsen: 4 Stunden
- Rote Linsen: Einweichen nicht notwendig
- Bohnen: 12 Stunden

Einweichzeit von Nüssen

- Mandeln: mindestens 8 Stunden
- Walnüsse: 4 Stunden

7. Bevorzugen Sie eine schonende Art der Zubereitung

Je mehr wir unsere Lebensmittel erhitzen, desto mehr Vitamine und Mineralstoffe gehen verloren. Enzyme werden ab 45 °C, wasserlösliche Vitamine (B, C) ab 60 °C, Mineralstoffe ab 80 °C und fettlösliche Vitamine (A, D, E, K) ab 100 °C zerstört. Daher empfehle ich eine kürzere und schonendere Zubereitungsart, z. B. Dampfgaren. Die ungesündeste Art ist das Frittieren.

WICHTIGER HINWEIS

Zu jedem Rezept in diesem Buch finden Sie Informationen zu Nährstoffen, ein paar Ratschläge und Tipps für Ihr Wohlbefinden. Diese Angaben dienen ausschließlich der Information und haben keinen kurativen, medizinischen oder therapeutischen Zweck. Sie sind kein Ersatz für eine medizinische Beratung. Bevor Sie Ihre Ernährung grundlegend ändern, sollten Sie unbedingt den Rat Ihres Arztes einholen.

BROTE UND FLADEN

Für 8 Stück – Zubereitung: 20 Minuten – Backzeit: 20 Minuten

GRIESSFLADEN (HARCHA)

Bei uns in der Familie genießen wir diese kleinen Grießfladen, die man Harcha oder auch Hercha nennt, zusammen mit einem guten Minztee (S. 168) am Nachmittag oder auch schon zum Frühstück. Sie schmecken am besten, wenn sie frisch aus dem Ofen (oder der Pfanne) kommen, dann sind sie innen weich und außen schön knusprig. Sie werden auch häufig während des Ramadans gegessen, weil sie satt machen und nahrhaft sind. Die Zubereitung von Harcha ist von Familie zu Familie unterschiedlich. Die Fladen meiner Mutter sind einfacher zu machen und nicht so kalorienlastig wie die traditionelle Version.

ZUTATEN

250 g feiner Weizengrieß

½ TL Salz

30 ml Olivenöl

ca. 70 ml pflanzliche Milch oder Wasser

ZUBEREITUNG

1. Die Fladen können in der Pfanne oder im Ofen gebacken werden. Für die Zubereitung im Backofen den Ofen auf 200 °C vorheizen.
2. Den Grieß in eine große Schüssel geben, Salz und Olivenöl hinzufügen und mit der Hand zu einem Teig verarbeiten.
3. Die Flüssigkeit nach und nach hinzugeben, bis ein Teig entstanden ist, der sich leicht zu einer Kugel oder einem Fladen formen lässt (ohne zu zerbröckeln). Die Menge der Flüssigkeit, die hinzugefügt werden muss, hängt vom verwendeten Grieß ab.
4. Die Arbeitsfläche mit etwas Grieß bestreuen, den Teig darauflegen und mit der Hand oder einem Nudelholz etwa 1 cm dick ausrollen. Dann mit einem Ausstecher oder einem Glas Fladen formen. Falls der Teig zu klebrig ist, mit etwas Grieß bestreuen.

IN DER PFANNE

5. Mit einem Pfannenwender 3–4 Fladen in eine beschichtete Pfanne mit dickem Boden geben und ohne Fett bei mittlerer Hitze auf jeder Seite 5 Minuten backen, dabei regelmäßig wenden, bis sie fest werden und eine leicht goldbraune Farbe annehmen. Alle weiteren Fladen genauso backen.
6. Um zu prüfen, ob sie gar sind, mit einem Holzstäbchen einstechen: Es sollte kein Teig daran hängen bleiben.

IM BACKOFEN

5. Ein Backblech mit Backpapier auslegen und die Fladen mit etwas Abstand zueinander darauf verteilen. Für etwa 20 Minuten in den Ofen schieben, dabei den Backfortschritt überwachen.
6. Nach dem Backen die Fladen kurz abkühlen lassen und servieren.

AUFBEWAHRUNG

Man kann die Fladen gut in kleinen Gefrierbeuteln einfrieren. Zum Aufwärmen bei Zimmertemperatur auftauen lassen und kurz in die Pfanne oder in den Backofen geben.

VARIATIONEN

MIT OLIVEN

Der Teigmasse fünf entkernte und in kleine Stücke geschnittene schwarze Oliven nach griechischer Art geben. Gut umrühren, damit sie gleichmäßig untergemischt werden.

MIT ZAATAR

Der Teigmasse 2 EL Zaatar hinzufügen. Gut umrühren, damit sich die Gewürze verteilen. Man kann die Fladen auch erst kurz vor dem Servieren mit Zaatar bestreuen.

WISSENSWERTES

Das Rezept für die Fladen kann ganz einfach nach persönlichem Geschmack abgewandelt oder an eine Unverträglichkeit angepasst werden. Für Menschen mit Glutenunverträglichkeit kann beispielsweise statt Weizengrieß feiner Maisgrieß verwendet werden.

MAMAS TIPP

Im Ofen werden die Fladen etwas trockener als beim Backen in der Pfanne.

Um dem Grundrezept eine süße Note zu verleihen, einfach eine Prise Zucker hinzufügen und das Olivenöl durch Kokosnuss-, Raps- oder Sonnenblumenöl ersetzen.

Für 12 Stück – Zubereitung: 30 Minuten – Backzeit: 50 Minuten

BLÄTTRIGE FLADEN (MSEMEN)

Msemen, auch Msemnat oder Meloui genannt, sind eckige Fladen, die wunderbar zu einem guten Minztee (S. 168) schmecken. Am besten sind sie, wenn sie noch warm sind. Ihre Herstellung erfordert ein wenig Geschick, aber mit der Zeit und etwas Übung schafft man es! Msemen werden traditionell zu besonderen Anlässen zubereitet: Familientreffen, Geburten, religiöse Feste usw. Diese Fladen werden zum Frühstück oder als Snack serviert; man kann sie pur, aber auch salzig (mit einer Gemüsefüllung) oder süß mit Ahorn- oder Agavensirup oder selbst gemachter Marmelade genießen.

ZUTATEN

1 TL Trockenhefe

320 g extrafeiner Weizengrieß

460 g Weizenmehl

1 TL Salz

UM DIE FLADEN ZU FORMEN

50 ml Olivenöl

20 g feiner Weizengrieß

ZUBEREITUNG

1. In einer Tasse die Trockenhefe in etwas lauwarmem Wasser auflösen, gut verrühren und 10 Minuten stehen lassen.
2. Grieß, Mehl und Salz in eine Schüssel geben und mit den Händen vermischen.
3. Etwa 500 ml lauwarmes Wasser und die Hefe-Wasser-Mischung nach und nach zugeben und zu einem weichen, elastischen Teig verkneten.
4. Die Hände etwas einölen und aus dem Teig etwa apfelgroße Kugeln formen. Die Kugeln auf ein mit Backpapier ausgelegtes Blech legen. Mit Frischhaltefolie abdecken, damit sie nicht austrocknen. Ruhen lassen, damit sie aufgehen können.
5. Mit eingeölten Händen jede Teigkugel auf einer mit Öl bestrichenen Arbeitsfläche platt drücken und sehr dünn auswalzen. Der Teig sollte fast durchscheinend sein. Mit etwas Öl einstreichen und mit einer Prise Grieß bestreuen.
6. Den Teig zur Mitte hin so einklappen, dass ein Quadrat entsteht. Mit allen Teigkugeln wiederholen.
7. Die fertigen Teigvierecke wieder mit Öl bestreichen.
8. In einer beschichteten Pfanne etwas Öl bei mittlerer Temperatur erhitzen und die Fladen etwa 4 Minuten unter regelmäßigem Wenden ausbacken, bis sie goldbraun sind. Ist die Pfanne groß genug, zwei Fladen gleichzeitig backen.
9. Auf einem großen Teller anrichten und heiß servieren.

ZUTATEN

1 Zwiebel

1 rote Paprikaschote

2 kleine Tomaten

1 Karotte

1 Stange Lauch

2 EL Petersilie gehackt oder frischer Koriander

3 EL Olivenöl

1 TL Paprikapulver

Salz, Pfeffer (nach Belieben)

10 entkernte grüne Oliven (optional)

MSEMEN MIT GEMÜSEFÜLLUNG

1. Grundrezept nach Anleitung ausführen, den Teig aber noch nicht zusammenklappen.
2. Zwiebel und Gemüse waschen, schälen und klein schneiden.
3. In einer beschichteten Pfanne die Zwiebel in etwas Olivenöl bei mittlerer Hitze anschwitzen, das Gemüse und die Gewürze nach und nach hinzufügen. Zugedeckt bei schwacher Hitze 10 Minuten dünsten. Abkühlen lassen und pürieren.
4. Vom Gemüsepüree 1 EL auf den eckig ausgewalzten Teig geben und den Teig darüber zusammenklappen.
5. Weitere Zubereitung wie im Grundrezept angegeben

WISSENSWERTES

In allen Mehlsorten ist Stärke enthalten, ein komplexes Kohlenhydrat, das nur in Maßen verzehrt werden sollte. Man sollte Brot vor dem Schlucken sehr gut kauen. Denn die Verdauung der Stärke beginnt bereits im Mund, mithilfe der im Speichel enthaltenen Enzyme, unter anderem der Amylasen.

MAMAS TIPP

Für einen dickeren Fladen legt man einfach zwei Teigvierecke übereinander. Dazu legen Sie ein fertig zusammengefaltetes Viereck in die Mitte eines ausgerollten Teigstücks. Anschließend den unteren ausgerollten Teig über das Viereck falten: alle Seiten so umschlagen, dass ein Quadrat entsteht, das das innere Quadrat umschließt. Für einen Fladen braucht man also zwei Teigkugeln. Ein gefüllter Fladen kann auch in einen ungefüllten eingewickelt werden. Der Fladen wird dadurch dicker und die Füllung kann nicht auslaufen.

Für 3 Brote – Zubereitung: 20 Minuten – Ruhezeit: 50 Minuten – Backzeit: 10 Minuten (Pfanne) / 30 Minuten (Ofen)

UNSER HAUSBROT

Der Duft von diesem frischen Brot, wenn es gerade aus dem Ofen kommt, ist für mich wie die Proust'sche Madeleine. Allein für sich genossen oder als Beilage, manchmal sogar als Gabel für einige Gerichte, die ich Ihnen in diesem Buch vorstelle. Man kann das Brot auch in der Pfanne backen, so wie es in meiner Heimat üblich ist. Bei uns heißt es Tachnift; in anderen Regionen wird es Matlouh, Kesra oder Khobz genannt und im Ofen gebacken. Meine Mutter verwendet immer wieder mal andere Getreidesorten, manchmal auch Gerstengrieß.

ZUTATEN

1 TL Trockenhefe

½ TL Zucker

500 g Weizenmehl

500 g Weizengrieß extrafein

1 TL Salz

UM DAS BROT ZU BESTÄUBEN

20 g Weizenmehl

ZUBEREITUNG

1. Für die Zubereitung im Backofen den Ofen auf 200 °C vorheizen.
2. In einer Schüssel die Hefe in etwas lauwarmem Wasser mit dem Zucker verrühren und 10 Minuten stehen lassen.
3. Mehl und Grieß in eine große Schüssel geben und mit den Händen vermischen. Salz hinzufügen.
4. Nach und nach 750 ml lauwarmes Wasser hinzugießen und alles vermengen. Die Hefe-Wasser-Mischung hinzugeben und so lange kneten, bis ein elastischer Teig entsteht. Er muss weich sein, darf aber nicht kleben. Falls nötig, etwas Mehl hinzuzufügen.
5. Den Teig zu einer großen Kugel formen und abgedeckt an einem warmen Ort 30 Minuten gehen lassen.
6. Die Arbeitsfläche mit Mehl bestäuben. Den Teig in drei Kugeln teilen und 2–3 cm dick ausrollen. Weitere 10 Minuten gehen lassen.
7. Den Teig zu einem Fladen flach drücken.

IN DER PFANNE (TACHNIFT)

8. In einer beschichteten Pfanne bei schwacher Hitze backen, dabei mit einem Pfannenwender flach drücken.
9. Mit einem Holzstab kleine Löcher einstechen.
10. Auf beiden Seiten 2–3 Minuten backen, bis das Brot eine goldbraune Farbe angenommen hat. Alle Brote auf diese Art nacheinander backen.

IM BACKOFEN (AGHROUM)

8. Das erste Brot mithilfe eines Pfannenwenders auf ein mit Backpapier ausgelegtes Backblech legen.
9. Das Brot mit einer Gabel mehrmals einstechen.
10. Etwa 30 Minuten backen, bis es goldbraun ist. Alle Brote auf diese Art nacheinander backen oder mehrere Bleche übereinander in den Backofen schieben.

ZUTATEN

100 g entkernte schwarze Oliven

VARIATION MIT OLIVEN

1. Wie im Grundrezept angegeben verfahren.
2. Die entsteinten schwarzen Oliven unterkneten.
3. Backen wie oben angegeben.

WISSENSWERTES

Im Gegensatz zu raffiniertem Getreide hat Vollkornmehl einen höheren Ballaststoffgehalt. Produkte aus 100 % Vollkorn sind deshalb auch schwerer zu verdauen. Brot aus Weizenmehl ist reich an Gluten und Stärke und weist einen hohen glykämischen Index auf. Aus gesundheitlicher Sicht empfiehlt es sich daher, darauf zu achten, dass Sie nicht zu viel Brot essen. Experimentieren Sie ruhig mit verschiedenen glutenfreien Mehlen (Buchweizen, Mais, Quinoa, Reis, Hirse) und kreieren Sie Ihre eigenen Brotmischungen.

MAMAS TIPP

Dieses Brot passt wunderbar zu vielen Gerichten in diesem Buch, etwa zu Spinat mit Kreuzkümmel (S. 87) oder zu den Gewürzlinsen (S. 80). Wir essen es zwischendurch mit Oliven und Minztee oder auch schon zum Frühstück. Ich friere das gebackene Brot oft ein. So habe ich einen Vorrat, den ich, wenn es eilig ist, ein paar Stunden vor der Mahlzeit auftaue. Aber es geht nichts über frisch gebackenes Brot. Glücklicherweise geht es mit diesem Rezept sehr schnell. Ich benutze einen runden Brotschieber aus Holz, um das Brot in die Pfanne oder den Backofen zu geben. Nach dem Backen und Auskühlen decke ich es mit einem Geschirrtuch ab, damit es nicht austrocknet.

Für 12 Stück – Zubereitung: 30 Minuten – Ruhezeit: 50 Minuten – Backzeit: 30 Minuten

BRÖTCHEN MIT GEMÜSEFÜLLUNG (BATBOUT)

Diese mit Gemüse gefüllten länglichen Brötchen mit dem lustigen Namen Batbout sind einfach lecker. Man hat unendlich viele Möglichkeiten für die Füllung, je nach Vorliebe und Saison kann man variieren. Batbout ist die orientalische Variante des Sandwiches.

ZUTATEN

FÜR DEN TEIG

1 TL Trockenhefe

½ TL Zucker

500 g Weizenmehl

500 g Weizengrieß extrafein

1 TL Salz

FÜR DIE FÜLLUNG

1 Zwiebel

2 Karotten

2 Zucchini

1 Kartoffel

¼ Weiß- oder Rotkohl (optional)

100 g Mais, gegart

1 EL Olivenöl

1 TL Kreuzkümmelpulver

3 EL frische Petersilie oder Koriander, gehackt

Salz, Pfeffer (nach Belieben)

ZUBEREITUNG

BRÖTCHEN

1. Die Hefe in einer Tasse mit etwas lauwarmem Wasser und dem Zucker verrühren. Für 10 Minuten stehen lassen.
2. Mehl und Grieß in eine große Schüssel geben und mit den Händen vermengen. Salz hinzufügen.
3. Etwa 750 ml lauwarmes Wasser nach und nach hinzugießen, mit der Hand einarbeiten und verkneten. Die Hefe-Wasser-Mischung hinzugeben und alles so lange kneten, bis ein weicher, elastischer Teig entstanden ist.
4. Den Teig zu einer großen Kugel formen, mit einem Geschirrtuch oder Frischhaltefolie abdecken und 30 Minuten an einem warmen Ort gehen lassen.
5. Auf einer bemehlten Arbeitsfläche den Teig etwa 2 cm dick ausrollen.
6. Mit einem Glas oder einer Ausstechform zwölf Teigkreise, etwa handtellergroß, ausstechen.
7. Die Teiglinge mit einem Geschirrtuch abdecken und weitere 10 Minuten gehen lassen.
8. Die Brötchen leicht platt drücken.
9. In eine beschichtete Pfanne je nach Größe 3–4 Brötchen geben und mit einem Pfannenwender andrücken. Darauf achten, dass sie ihre Form behalten.
10. Bei schwacher Hitze von beiden Seiten etwa 5 Minuten backen, bis sie goldbraun sind. Alle Brötchen auf diese Art nacheinander backen.

GEMÜSEFÜLLUNG

11. Die Zwiebel klein würfeln. Karotten, Zucchini und Kartoffel raspeln. Den Kohl in Streifen schneiden (optional).
12. Die Zwiebelwürfel in einer Pfanne mit Olivenöl anschwitzen. Vorbereitetes Gemüse, Mais, Kreuzkümmel und Petersilie hinzugeben. Bei schwacher Hitze etwa 15 Minuten dünsten, bis das Gemüse weich ist. Nach Belieben würzen.
13. Beiseitestellen und abkühlen lassen.

FERTIGSTELLUNG

14. Die abgekühlten Brötchen mit einem scharfen Messer der Länge nach aufschneiden. Mit einem Esslöffel das Gemüse in die Brötchen füllen.
15. Die Batbouts auf einem großen Tablett servieren.

WISSENSWERTES

Um eine gute Verdauung zu fördern, ist es ratsam, bestimmte Gruppen von Nahrungsmitteln miteinander zu kombinieren, während andere Paarungen vermieden werden sollten. Tatsächlich werden manche Lebensmittelgruppen nicht so schnell und nicht unter den gleichen (enzymatischen) Bedingungen verdaut wie andere. Bei gleichzeitigem Verzehr kann die Nährstoffaufnahme beeinträchtigt sein. Wer einen empfindlichen Darm hat, sollte es vermeiden, gleichzeitig stärkehaltige Lebensmittel und Proteine zu essen. Gemüse ist sowohl mit stärkehaltigen Lebensmitteln als auch in Kombination mit Proteinen gut verträglich.

MAMAS TIPP

Damit die Brötchen sicher gelingen und schön weich werden, muss man sie lange mit der Hand kneten. Ich steche sie auch mit einer Gabel ein, damit der Teig Luft bekommt. Batbouts werden bei uns als Vorspeise zusammen mit einem Minztee gegessen. Auch passen sie gut zusammen mit den Blättrigen Fladen (S. 28) und den Grießfladen (S. 26) auf einen Festtagstisch. Ein ähnliches Rezept sind die Gemüsetaschen (S. 114). Man kann die Füllung auch gleich mitbacken, einfach in den Teig füllen und anschließend in die Pfanne geben.

Für 15 Stück – Zubereitung: 30 Minuten – Ruhezeit: 20 Minuten – Backzeit: 15 Minuten

HEFEKRINGEL (SFENJ)

Dieses Gebäck erinnert mich an unsere Schlemmernachmittage in meiner Kindheit. Meine Mutter hat sie oft am Nachmittag gebacken und wir freuten uns sehr darauf, wenn wir von der Schule nach Hause kamen. Sie sind auch als Streetfood in allen Maghreb-Ländern sehr beliebt.

ZUTATEN

FÜR DEN TEIG

1 EL Trockenhefe

½ TL Zucker

500 g Weizenmehl

7 g Salz

UM DIE KRINGEL ZU FORMEN

20 ml neutrales Pflanzenöl (Raps, Sonnenblume, Kokos)

ZUM FRITTIEREN

50 ml neutrales Pflanzenöl (Raps, Sonnenblume, Kokos)

ZUBEREITUNG

1. Die Hefe in einer Tasse mit etwas lauwarmem Wasser und dem Zucker verrühren. Für 10 Minuten stehen lassen.
2. Mehl und Salz in eine große Schüssel geben.
3. Nach und nach 250 ml lauwarmes Wasser hinzufügen, dann die Hefe-Wasser-Mischung unterrühren. Etwa 10 Minuten mit den Händen kneten, bis ein weicher, elastischer Teig entstanden ist.
4. Den Teig mit einem Geschirrtuch bedecken und an einem warmen Ort 20 Minuten ruhen lassen.
5. Anschließend gut durchkneten, damit die Luftblasen aus der Teigmasse entweichen.
6. Mit eingefetteten Händen aus dem Teig kleine mandarinengroße Kugeln formen und auf einen mit Öl bestrichenen Teller legen.
7. Öl in einer Pfanne erhitzen.
8. Mit dem Daumen ein kleines Loch in die Mitte der Teigkugeln bohren.
9. Die Kringel ins heiße Öl legen und unter regelmäßigem Wenden von jeder Seite etwa 3 Minuten lang frittieren, bis sie gut aufgegangen sind und auf jeder Seite eine goldbraune Farbe angenommen haben.
10. Herausnehmen und auf einem Sieb das Öl abtropfen lassen. Die Kringel auf ein Küchenpapier legen, kurz abkühlen lassen und lauwarm servieren.

WISSENSWERTES

Die in den Ölen enthaltenen Fettsäuren sind nicht hitzebeständig, sodass die meisten Öle beim Frittieren ihre Nährstoffe verlieren. Ich empfehle Ihnen, Frittiertes nur gelegentlich zu verzehren. Diese kleinen Kringel sind wahre Gaumenfreuden, aber man sollte nicht zu viele davon essen.

MAMAS TIPP

Zu diesem Gebäck gehört bei uns Minztee (S. 168). Für kleine und große Naschkatzen bestäuben wir die Kringel mit Staubzucker, begießen sie mit Ahornsirup oder wir essen sie einfach mit Marmelade.

Der Teig muss lange geknetet werden, damit er fluffig wird. Es ist auch gut, ihn nach dem zwischenzeitlichen Durchkneten ein zweites Mal 15 Minuten ruhen zu lassen.

VORSPEISEN

Für 4 Personen – Zubereitung: 15 Minuten – Kochzeit: 20 Minuten

MEDITERRANER KARTOFFELSALAT

Wenn Sie einen kleinen Sommersalat als Abwechslung zu einem Rohkost- oder Blattsalat suchen, sind Sie hier genau richtig! Dieser Salat ist verblüffend einfach und sehr schnell zubereitet. Wir essen ihn meist im Sommer und er eignet sich sowohl als Vorspeise als auch als Hauptgericht, denn die Kartoffeln machen satt. Das Geheimnis dieses Rezepts liegt in aromatischem Olivenöl und mehligen Kartoffeln, die das Öl besonders gut aufnehmen.

ZUTATEN

500 g mehlig kochende Kartoffeln

2–3 Fleischtomaten (z. B. Ochsenherz oder Romana)

1 rote Zwiebel

2 EL Olivenöl

Salz, Pfeffer (nach Belieben)

ZUBEREITUNG

1. Die Kartoffeln 20 Minuten in Wasser oder Dampf garen. Wenn sie gar sind, in einem Sieb abtropfen lassen, schälen und in Stücke schneiden. In eine große Schüssel legen.
2. Die Tomaten abspülen, die Kerne entfernen, in kleine Stücke schneiden und zu den Kartoffeln geben.
3. Die Zwiebel schälen und in dünne Scheiben schneiden.
4. Olivenöl und Zwiebeln zu den Kartoffeln hinzufügen.
5. Nach Belieben salzen und pfeffern und alles gut durchmischen. Anrichten.

WISSENSWERTES

Schon sehr lange ist die Zwiebel für ihre gesundheitsfördernden Eigenschaften bekannt, sowohl bei äußerlicher Anwendung (z. B. als Wickel) als auch beim Verzehr. Den höchsten Nährstoffgehalt haben Zwiebeln, wenn sie roh gegessen werden. Die Zwiebel enthält Antioxidantien, sogenannte Flavonoide, die eine Schutzwirkung für unsere Zellen und eine positive Wirkung auf unser Herz-Kreislauf-System haben. Je bunter die Zwiebel, desto mehr dieser wirkungsvollen Antioxidantien enthält sie.

MAMAS TIPP

Dieser einfache Salat mit mediterranem Aroma bekommt eine orientalische Note, wenn Sie Öl aus marokkanischen Oliven verwenden, das macht ihn zu etwas ganz Besonderem. Ich empfehle ein fruchtiges Öl, so schmeckt dieser Salat am besten. Ich bereite ihn für meine Familie hauptsächlich in der Sommerzeit zu, mit vollreifen, herrlich duftenden Tomaten.

Für 2 Personen – Zubereitung: 15 Minuten – Ruhezeit: 15 Minuten

GURKEN-TOMATEN-SALAT (CHLADA)

Chlada (arabisch für Salat) ist ein traditioneller Salat, der als Vorspeise serviert wird. In jeder marokkanischen Familie kommt er auf den Tisch. Er enthält viel Wasser und Vitamine, ist sehr erfrischend und durch seine Einfachheit unwiderstehlich! Perfekt für Sommerabende oder wenn Gäste kommen.

ZUTATEN

1 Salatgurke

1 große Tomate (oder 2 kleine) mit festem Fruchtfleisch

1 kleine Zwiebel oder 1 Schalotte

2 EL Olivenöl

1 Spritzer weißer Essig oder 2 EL Zitronensaft

2 EL frische Petersilie oder Minze (optional)

Salz, Pfeffer (nach Belieben)

ZUBEREITUNG

1. Gurke und Tomate waschen, schälen und entkernen. Beide in Würfel schneiden.
2. Die Zwiebel schälen und in dünne Scheiben schneiden.
3. Salzen und pfeffern nach Belieben, anschließend Olivenöl und Essig zugeben.
4. Alles durchmischen und für 15 Minuten kalt stellen, damit der Salat gut durchzieht.
5. Etwa 10 Minuten vor dem Essen aus dem Kühlschrank nehmen.
6. In kleinen Schalen oder einer großen Salatschüssel servieren und mit Kräutern bestreuen.

WISSENSWERTES

Mit einer kleinen Menge Rohkost zu Beginn einer Mahlzeit kann man Energie tanken und die Verdauung ankurbeln. Denn in Rohkost sind Enzyme enthalten, die unsere Verdauung nachhaltig unterstützen. So führt man dem Körper Vitamine zu, die beim Kochen zerstört werden, etwa Vitamin C. Mit dem Gurken-Tomaten-Salat kommen Sie in den Genuss vieler frischer Nährstoffe und nehmen noch dazu viel Wasser auf.

MAMAS TIPP

Statt der gelben Zwiebel kann man auch eine rote verwenden. Weitere geschmackliche Variationen: Oliven und rote Paprika. Das Rezept können Sie ganz nach Belieben abwandeln! Verwenden Sie statt Essig Zitronensaft; er sollte aber erst nach dem Herausnehmen aus dem Kühlschrank kurz vor dem Servieren zugefügt werden, so schmeckt der Salat am frischsten.

Für 4 Personen – Zubereitung: 10 Minuten – Kochzeit: 20 Minuten

GRÜNE BOHNEN MIT KNOBLAUCH

Dieses Bohnengericht zählt zu den absoluten Basics. Es wird in unserer Familie oft als Beilage zu deftigen Gerichten gereicht. Ein Gemüsesalat, der sich einfach und schnell zubereiten lässt.

ZUTATEN

200 g frische grüne Bohnen

2 Knoblauchzehen

2 EL Olivenöl

1 TL Kreuzkümmelpulver

2 EL frische Petersilie, gehackt

Zitronensaft und 2 Salzzitronenspalten (S. 71, optional)

Salz, Pfeffer (nach Belieben)

ZUBEREITUNG

1. Die Bohnen waschen, die Spitzen abschneiden, die Fäden entfernen und die Bohnen in zwei Hälften schneiden.
2. Dampfgaren oder in einem großen Topf mit Salzwasser 10 Minuten bei schwacher Hitze kochen. Wenn sie gar sind, das Kochwasser abgießen und die Bohnen mit kaltem Wasser abschrecken. Beiseitestellen.
3. Die Knoblauchzehen schälen, klein schneiden und zusammen mit dem Öl in eine beschichtete Pfanne geben. Bei schwacher Hitze 2–3 Minuten anschwitzen.
4. Die Bohnen in die Pfanne dazugeben, ebenso Salz, Pfeffer, Kreuzkümmel und die Hälfte der gehackten Petersilie. Alles umrühren und weitere 5 Minuten anbraten.
5. Auf kleinen Tellern anrichten und mit der übrigen gehackten frischen Petersilie bestreuen.
6. Mit Zitronensaft beträufeln und optional mit eingelegten Salzzitronen dekorieren.

WISSENSWERTES

Knoblauch ist angesichts seiner zahlreichen gesundheitlichen Vorzüge und dank seiner natürlichen pflanzlichen Wirkstoffe ein wahrer Schatz aus der Natur. Er weist antivirale, antibakterielle und fungizide Eigenschaften auf, schützt vor Darmparasiten, ist entzündungshemmend und fördert die Gesundheit des Herz-Kreislauf-Systems, des Verdauungstraktes und der Atemwege und wird deshalb manchmal als »Nutrazeutikum« bezeichnet. Er ist zusammen mit der Zwiebel eines der ältesten bekannten »Heilmittel« der Welt. Wenn Sie ihn gut vertragen, können Sie ihn auch frisch und roh verzehren. So nutzen Sie all seine gesundheitlichen Vorteile.

MAMAS TIPP

Ich bereite diesen Salat gewöhnlich auf Vorrat in großen Mengen zu. Im Kühlschrank lässt er sich gut aufbewahren und später ergänze ich damit andere Gerichte.

Für 2 Personen – Zubereitung: 20 Minuten – Ruhezeit: 10 Minuten – Grillzeit: 35 Minuten

SALAT AUS GEGRILLTEN PAPRIKASCHOTEN (FELFEL)

Obwohl er so einfach aussieht, erfordert dieser Salat, der auch Hmiss, Shlada Mechouia oder Felfla (Arabisch für Paprika) genannt wird, ein wenig Geschick, um seine charakteristische zart schmelzende Textur zu erreichen. Als Kind war ich immer beeindruckt, wenn ich zusah, wie meine Mutter die Paprika direkt über der Flamme auf dem Gasherd grillte. Diese Vorspeise kann man entweder lauwarm oder kalt genießen. Traditionell kommen in den Salat auch Tomaten, aber wir bereiten ihn nur mit Paprika zu.

ZUTATEN

2 rote Paprikaschoten

2 grüne Paprikaschoten

1 grüne Chilischote (optional)

2 EL Olivenöl

grüne und schwarze Oliven (optional)

Salz (nach Belieben)

ZUBEREITUNG

1. Den Backofen auf 200 °C vorheizen.
2. Die Paprikaschoten waschen, halbieren und die Kerne entfernen. Die Stiele jedoch dranlassen. Ein Backblech mit Backpapier auslegen, die Paprikahälften nebeneinanderlegen und 30 Minuten grillen (Grillfunktion des Backofens zuschalten). Wer es schärfer mag, grillt eine Chili mit.
3. Die Paprika herausnehmen und noch heiß in einen Gefrierbeutel geben. Den Beutel verschließen und die Paprika für 10 Minuten abkühlen lassen.
4. Danach die Paprika aus dem Beutel nehmen, die Stiele entfernen und die Haut abziehen. Mit kaltem Wasser abspülen und in schmale Streifen schneiden.
5. Die Paprikastreifen in einer beschichteten Pfanne mit Olivenöl 5 Minuten anbraten. Salzen nach Belieben.
6. Paprika auf kleinen Tellern anrichten. Vor dem Servieren mit schwarzen und grünen Oliven garnieren.

WISSENSWERTES

Die Paprika ist aufgrund ihres Gehalts an Vitamin C, Flavonoiden und Beta-Carotin, das ihr die schöne Farbe verleiht, ernährungsphysiologisch sehr wertvoll. Ihre Inhaltsstoffe schützen Zellen und Gewebe vor oxidativem Stress, der die Ursache für etliche Krankheiten sein kann. Für eine optimale Aufnahme sollte die Paprika vorzugsweise roh oder schonend zubereitet verzehrt werden. Da die Paprika viele Ballaststoffe enthält, ist sie für manche Menschen in roher Form nicht besonders bekömmlich. In solchen Fällen empfehle ich, die Paprika zu kochen und anschließend die Haut zu entfernen.

MAMAS TIPP

Ich halte die Paprika, um sie zu grillen, direkt in die Flamme auf meinem Gasherd. Dabei drehe ich sie, damit sie gleichmäßig gegrillt werden. So entsteht das leichte Röstaroma. Ihnen empfehle ich aber die »vorsichtigere« Garmethode, nämlich die Grillfunktion des Backofens zu verwenden.

MAMAS TIPP

Für unsere Familie bereite ich diesen Salat hauptsächlich im Sommer zu und serviere ihn zusammen mit anderen Salaten, etwa den gegrillten Paprikaschoten (S. 50) oder den Karotten (S. 60). Manchmal füge ich ein paar Oliven hinzu. Damit die Kichererbsen alle Aromen aufnehmen können, rate ich Ihnen, den Salat vor dem Servieren 20 Minuten im Kühlschrank durchziehen zu lassen. Wenn ich es eilig habe, verwende ich gekochte Kichererbsen (aus dem Glas oder der Dose), die ich vor der Verwendung gründlich abspüle.

Für 4 Personen – Einweichen: 12 Stunden – Zubereitung: 30 Minuten – Kochzeit: 1 Stunde

KICHERERBSENSALAT

Kichererbsen sind aus der orientalischen Küche nicht wegzudenken. Sie werden für viele Rezepte verwendet: Tajine (S. 98), Hummus (S. 56), geröstete Kichererbsen (S. 68). In diesem Rezept werden die Kichererbsen mit erfrischender Rohkost verfeinert. Dieser bunte Salat eignet sich sehr gut als Vorspeise oder auch als Hauptgericht, da er durch die Kichererbsen sehr sättigend ist. Frische Kräuter machen hier den Unterschied, insbesondere die Minze, die für einen zusätzlichen Frischekick sorgt.

ZUTATEN

200 g getrocknete Kichererbsen (oder 400 g gekochte, dann geht es los bei Schritt 4)

2 Tomaten (Romana oder Ochsenherz)

1 Gurke

½ rote Zwiebel

½ Bund glatte Petersilie

10 Blätter frische Minze

1 EL frischer Koriander (optional)

1 Prise Kreuzkümmelpulver

Saft von ½ Zitrone

4 EL Olivenöl

Salz, Pfeffer (nach Belieben)

ZUBEREITUNG

1. Am Vortag die getrockneten Kichererbsen in reichlich kaltem Wasser einweichen (etwa dreimal so viel Wasser wie Kichererbsen). Abdecken und über Nacht stehen lassen.
2. Das Einweichwasser abschütten und die Kichererbsen gründlich abspülen.
3. Einen großen Topf mit kaltem Wasser füllen, die Kichererbsen hinzufügen und das Wasser zum Kochen bringen. Zugedeckt bei mittlerer Hitze etwa 1 Stunde lang kochen lassen, bis die Kichererbsen weich sind. Anschließend das Kochwasser abschütten, die Kichererbsen abspülen und ihre Haut durch Reiben zwischen den Fingern entfernen.
4. Tomaten und Gurke waschen und in kleine Würfel schneiden.
5. Die Zwiebel schälen und klein hacken. Die Petersilie waschen und klein schneiden, ebenso die Minze (und den Koriander, falls gewünscht).
6. Kichererbsen, Gurken- und Tomatenwürfel, gehackte Zwiebel und die klein geschnittenen Kräuter in eine große Salatschüssel geben. Mit Salz, Pfeffer und Kreuzkümmel würzen. Alles gut vermischen.
7. Zitronensaft und Olivenöl darübergießen und vor dem Servieren noch einmal durchmischen.

WISSENSWERTES

Damit Kichererbsen leichter verdaulich sind, empfehle ich, die erforderliche Einweichzeit einzuhalten (mindestens 12 Stunden), dem Kochwasser etwas Natron hinzuzufügen und ihre Haut nach dem Garen zu entfernen (indem Sie sie zwischen den Fingern reiben). Dadurch bleiben alle Nährstoffe erhalten und möglichen Verdauungsbeschwerden wird vorgebeugt.

Für 2 Personen – Zubereitung: 30 Minuten – Ruhezeit: 3 Stunden

ORIENTALISCHES TABOULÉ

Dieses Taboulé fasziniert mich immer wieder, denn seine Farben bedeuten für mich Sommer, Leichtigkeit und Reisen ... Die erfrischende Note und die knackigen Zutaten gehören einfach zum Sommer dazu. Es eignet sich auch wunderbar für ein Picknick. Etwas Geduld brauchen Sie aber schon, denn die Zutaten müssen sehr fein geschnitten werden, vor allem die Petersilie, die ganz wichtig ist bei diesem Rezept.

ZUTATEN

3 EL feiner brauner Bulgur (Weizenschrot)

Saft von 1 Zitrone

3 reife Tomaten (Ochsenherz)

1 Bund glatte Petersilie

½ EL frische Minze

4 Frühlingszwiebeln oder 1 kleine rote Zwiebel

4 EL Olivenöl

Salz, Pfeffer (nach Belieben)

ZUBEREITUNG

1. Den Bulgur mit kaltem Wasser abspülen und abtropfen lassen.
2. Die Zitrone auspressen.
3. Den Bulgur in eine große Schüssel geben und den Zitronensaft hinzufügen. Etwa 1 Stunde lang stehen lassen. Der Bulgur wird durch die Säure der Zitrone aufquellen und »garen«.
4. Die Tomaten waschen, enthäuten, entkernen und in kleine Würfel schneiden. Zum Bulgur in die Schüssel geben. Nochmals für mindestens 2 Stunden stehen lassen, dabei den Bulgur nicht umrühren, damit er den Zitronensaft besser aufnimmt.
5. Petersilie und Minze sehr fein schneiden. Zwiebeln schälen und klein schneiden. Kräuter und Zwiebeln zum Bulgur geben.
6. Salz, Pfeffer und Olivenöl hinzufügen und gut vermischen.
7. Entweder in einer großen Schüssel oder portionsweise in kleinen tiefen Schälchen servieren.

WISSENSWERTES

Die Petersilie, der Star dieses Rezepts, ist nicht einfach nur Dekoration. Sie besitzt antibakterielle und entwässernde Eigenschaften, ist reich an Vitamin C, K und an Beta-Carotin, das unser Körper in Vitamin A umwandelt, und an Eisen. All diese Eigenschaften boostern unsere Energie und tragen dazu bei, die Gesundheit unserer Knochen, unseres Blutes und unseres Immunsystems zu erhalten. Probieren Sie auch einmal frisch gepressten Petersiliensaft, beispielsweise in einem vitalisierenden Cocktail mit Zitrone, Ingwer und Minze.

MAMAS TIPP

Bei diesem Taboulé benutzt man normalerweise keine Gabel, sondern schaufelt es mit Salatblättern auf. Auch Pitabrot eignet sich dazu.

Ich empfehle Ihnen, das Taboulé 15 Minuten vor dem Servieren in den Kühlschrank zu stellen, damit es beim Verzehr schön kühl ist.

Für 4 Personen – Einweichen: 12 Stunden – Zubereitung: 30 Minuten – Kochzeit: 1 Stunde

HUMMUS (HOMMOS)

Hummus, der cremige Dip, den jeder kennt, ist ein Klassiker der orientalischen Küche und gehört auf jeden Vorspeisentisch. Es gibt mittlerweile viele Varianten von Hummus, aber für mich ist das Originalrezept, das nur aus Kichererbsen und Sesam besteht, einfach das beste. Bei meinen Reisen in den Orient habe ich immer wieder neue Nuancen kennengelernt, hier stelle ich Ihnen meine Lieblingsversion vor. Dazu isst man Falafel (S. 63) oder Gurken-Tomaten-Salat (Chlada S. 45).

ZUTATEN

200 g getrocknete Kichererbsen

1 Knoblauchzehe

Saft von ½ Zitrone

1 EL Sesampüree (Tahin)

4 EL Olivenöl

Salz, Pfeffer (nach Belieben)

ZUM GARNIEREN

¼ TL Kreuzkümmelpulver

¼ TL Paprikapulver

3 EL Olivenöl

AUSSERDEM

Mixer

ZUBEREITUNG

1. Am Vortag die getrockneten Kichererbsen in reichlich kaltem Wasser einweichen (etwa dreimal so viel Wasser wie Kichererbsen). Abdecken und über Nacht stehen lassen.
2. Das Einweichwasser abschütten und die Kichererbsen gründlich abspülen.
3. Die Kichererbsen in einen großen Topf mit kaltem, ungesalzenem Wasser geben, zum Kochen bringen und zugedeckt bei mittlerer Hitze etwa 1 Stunde kochen lassen, bis sie weich sind. Die Kichererbsen in ein Sieb schütten und abspülen, ihre Haut durch Reiben zwischen den Fingern entfernen.
4. Den Knoblauch schälen.
5. Die Kichererbsen in einen Mixer geben, Knoblauch, Zitronensaft und Sesampüree hinzufügen und pürieren. Das Olivenöl nach und nach zugießen, bis eine cremige Textur entsteht. Falls nötig, etwas Wasser hinzufügen.
6. Mit Salz und Pfeffer abschmecken.
7. Mit Kreuzkümmel, Paprikapulver und Olivenöl abrunden und servieren. Gerne einige geröstete Kichererbsen (S. 68) als Dekoration hinzufügen.

WISSENSWERTES

Kichererbsen und Sesam sind eine hervorragende pflanzliche Proteinquelle, die Sie im Rahmen einer vegetarischen oder veganen Ernährung nicht außer Acht lassen sollten.

Sesampaste kann man in Bioläden fertig kaufen oder aus Sesamkörnern selbst zubereiten. Sesam enthält Ballaststoffe, die für einen gesunden Darm unerlässlich sind, sowie zahlreiche Mineralstoffe (Kupfer, Phosphor, Kalzium, Kalium), die Vitalität und Fitness fördern.

Für eine noch gesündere und bekömmlichere Variante empfehle ich, Kichererbsen nach dem Einweichen für 2–3 Tage ankeimen zu lassen, wodurch sich ihr Nährwert noch um ein Vielfaches erhöht.

MAMAS TIPP

Wenn ich es eilig habe, verwende ich auch manchmal Kichererbsen aus dem Glas oder der Dose; einfach abspülen, die Haut abziehen, abtropfen lassen und mit den restlichen Zutaten mixen. Hummus kann man immer wieder abwandeln, indem man der Basis aus Kichererbsen z. B. Harissa, Rote Bete, Zaatar, Avocado oder eingelegte Salzzitronen beigibt. Probieren Sie auch einmal andere Hülsenfrüchte wie weiße Bohnen oder Korallenlinsen anstelle der Kichererbsen. Bei uns zu Hause bevorzugen wir allerdings die klassische Version mit Kichererbsen.

MAMA ERZÄHLT …

Zaalouk ist eine typische warme Vorspeise, die mit frischem Brot gegessen wird – oder als Beilage zu anderen Speisen. Wie bei den meisten Rezepten gibt es auch hier je nach Region unterschiedliche Versionen. Auberginen sind fester Bestandteil der orientalischen Küche, und sicher kennen Sie Baba Ganoush, das mit Tahin zubereitet wird. Bei dem Zaalouk-Rezept, das ich für meine Familie koche, stehen der Kreuzkümmel und das Olivenöl aus marokkanischen Oliven im Vordergrund, das ich ganz zum Schluss hinzugebe.

Für 4 Personen – Zubereitung: 20 Minuten – Kochzeit: 20 Minuten

AUBERGINENSALAT (ZAALOUK)

Ah, Zaalouk ... Eine echte Liebesgeschichte. Dieses Gericht bedeutet mir unheimlich viel und ist für mich wahnsinnig kostbar. Die Aromen, die schmelzende Textur, die Farbe, der Geschmack des Gemüses, der Geruch ... Alles an diesem Gericht ist köstlich. Es ist heiß oder kalt eine Delikatesse und auch mit einer kleinen Prise Schärfe unwiderstehlich. Und ich finde, es schmeckt am nächsten Tag noch besser. Es ist eines meiner Lieblingsrezepte (neben dem Erbsenpüree und den Gewürzlinsen). Natürlich gelingt es niemandem, Zaalouk so gut zu machen wie meine Mutter. Ich verrate Ihnen dennoch das Rezept, das sie mir liebevoll ins Ohr geflüstert hat.

ZUTATEN

2–3 Auberginen

1 Tomate

1 rote Paprikaschote

3 Knoblauchzehen

¼ frische gelbe oder grüne Chilischote (optional)

1 EL Kreuzkümmelpulver

1 EL Paprikapulver

3 EL Olivenöl

Salz, Pfeffer (nach Belieben)

ZUBEREITUNG

1. Die Auberginen waschen und in grobe Stücke schneiden. Den Stiel entfernen.
2. Von der Tomate die Haut abziehen, die Kerne entfernen und das Fruchtfleisch in Stücke schneiden.
3. Die Paprikaschote vierteln und entkernen.
4. Die Knoblauchzehen schälen und halbieren.
5. Für etwas mehr Schärfe: Die Chili waschen, entkernen und klein schneiden.
6. Die Auberginenstücke in einen Schmortopf geben. Knoblauchzehen, Tomate, Paprika, Chilischote, Gewürze, 120 ml Wasser und Olivenöl hinzufügen. Zudecken und bei mittlerer Hitze 10 Minuten auf dem Herd schmoren lassen. Die Auberginen sind gar, wenn sie leicht zergehen.
7. Alles in eine Pfanne mit hohem Rand geben und bei mittlerer Hitze weiterköcheln lassen. Den Knoblauch mit einer Gabel zerdrücken. Das Gericht ist fertig, wenn das Wasser vollständig aufgenommen ist und eine Art Püree mit einzelnen Gemüsestückchen entstanden ist. Die Haut der Paprika mit einer Gabel herausfischen.
8. Kurz abkühlen lassen und auf kleinen Tellern oder Schälchen servieren.
9. Zum Abrunden mit etwas Olivenöl beträufeln.

WISSENSWERTES

Kreuzkümmel gehört zur Familie der Doldenblütler. Zu ihnen gehören auch Anis, Fenchel und Dill, sie sollen gegen manche Verdauungsbeschwerden, etwa Blähungen, helfen. In der orientalischen Küche wird viel Hülsenfrüchten gekocht, die Blähungen versursachen können. Kreuzkümmel als gegenwirkendes Gewürz finden wir daher in vielen Rezepten. Er kann in Speisen in Pulverform oder auch ganz verwendet werden oder man brüht die Kreuzkümmelsamen zu einem Tee auf. Kreuzkümmel hat außerdem entzündungshemmende und antibakterielle Eigenschaften.

Für 2 Personen – Zubereitung: 10 Minuten – Kochzeit: 20 Minuten

KAROTTEN MIT KNOBLAUCH UND KREUZKÜMMEL (KHIZOU MCHERMEL)

In meiner Familie genießen wir diesen Salat aus gekochten Karotten kalt, weil er dann noch besser schmeckt, aber man kann ihn auch warm servieren. Wir essen ihn meistens zusammen mit einem Hauptgericht. Der Kreuzkümmel spielt in diesem Rezept eine zentrale Rolle, ein Gewürz, das die Karotten wunderbar verfeinert. Am nächsten Tag ist der Salat noch besser, denn die Gewürze entfalten ihr Aroma und verbinden sich mit den Karotten. Nicht nur sein Geschmack überzeugt, er ist auch in der farblichen Kombination von Karotte und Koriander ein echter Hingucker.

ZUTATEN

3 Karotten

2 Knoblauchzehen

1 EL Olivenöl

¼ TL Kreuzkümmelpulver

½ TL Paprikapulver

Salz, Pfeffer (nach Belieben)

ZUM GARNIEREN

1 EL frischer Koriander, gehackt (oder Petersilie)

Saft von ½ Zitrone

ZUBEREITUNG

1. Die Karotten waschen und abbürsten, anschließend in Scheiben schneiden. Die Knoblauchzehen schälen.
2. Karotten und Knoblauch in einen Dampfgarer (oder einen Topf mit kochendem Wasser) geben und 10 Minuten garen, dann auf einem Sieb abtropfen lassen.
3. Den Knoblauch in eine beschichtete Pfanne mit Olivenöl geben und bei mittlerer Hitze 2–3 Minuten leicht anbraten, dann mit einer Gabel zerdrücken.
4. Die Karotten hinzufügen, dann die Gewürze und alles durchmischen. Mit Salz und Pfeffer abschmecken. Bei schwacher Hitze 3 Minuten anbraten.
5. Kurz vor dem Servieren Koriander und Zitronensaft dazugeben. In kleinen tiefen Schälchen servieren.

WISSENSWERTES

Dieses Rezept ist dank seiner Zutaten – Karotten, Kreuzkümmel, Knoblauch und Zitrone – eine wahre Nährstoffbombe. Karotten sind reich an Vitaminen, Mineral- und Ballaststoffen. Sie sind gut für die Herzgesundheit, die Sehkraft und tun auch Gutes für die Haut. Für eine bessere Aufnahme des in Karotten enthaltenen Beta-Carotins, das in unserem Körper in Vitamin A umgewandelt wird, empfiehlt sich die Kombination mit Fettsäuren, die beispielsweise in Olivenöl enthalten sind. Mit dem Zitronensaft kommt nicht nur eine leicht säuerliche Note hinzu, sondern auch Vitamin C.

MAMAS TIPP

Dieser Salat wird traditionell auf mehreren kleinen Tellern oder Schalen auf den Tisch gestellt, damit sich jeder Gast im Laufe des Essens einfach bedienen kann. Ich serviere ihn vor allem als Beilage.

Er lässt sich sehr gut vorbereiten und hält sich wunderbar im Kühlschrank. Machen Sie also ruhig mehr davon, damit Sie ihn auch am nächsten Tag noch genießen können. Entweder mit der Gabel oder wie wir ihn essen, einfach mit Brot aufgeschaufelt, schmeckt er einfach herrlich!

WISSENSWERTES

Natron sorgt hier dafür, dass die Falafel leichter werden. Und Natron ist überhaupt ein Allrounder: Im Haushalt wirkt es reinigend, absorbiert Gerüche, entkalkt, entfernt Flecken in der Wäsche, hält Flöhe von Ihren Haustieren fern; in einem warmen Fußbad nach einer Wandertour lindert es Schmerzen. In der Küche kann es statt Backpulver verwendet werden, man kann damit Obst und Gemüse von Pestiziden reinigen und es macht, wenn man es zum Einweichwasser gibt, Hülsenfrüchte leichter verdaulich.

MAMAS TIPP

In Ägypten nimmt man oft für Falafel statt der Kichererbsen getrocknete Bohnen.

Zu den Falafel passt wunderbar Tahin, eine Sesampaste, mit Zitronensaft, ein bisschen Wasser und Salz abgeschmeckt.

Für 20 Stück – Einweichen: 12 Stunden – Zubereitung: 20 Minuten – Ruhezeit: 1 Stunde – Kochzeit: 25 Minuten (Pfanne) oder 20 Minuten (Ofen)

KICHERERBSENBÄLLCHEN (FALAFEL)

Ganz einfach: Ich liebe Falafel. Sie sind lecker und eine ideale Begleitung zu grünem Salat, Taboulé (S. 54) und vor allem zu Hummus (S. 56) – oder vielmehr ist hier der Hummus der perfekte Begleiter. Ich liebe ihre Textur, außen knusprig und innen zergehen sie auf der Zunge. Das Geheimnis dieses Rezepts liegt darin, getrocknete Kichererbsen zu verwenden – keine vorgekochten aus der Dose – und frische Kräuter und Gewürze. Die Bällchen kann man in der Pfanne zubereiten, dann werden sie etwas weicher, oder im Backofen, wenn man es knuspriger mag.

ZUTATEN

150 g getrocknete Kichererbsen

1 Zwiebel, weiß oder gelb

3 Knoblauchzehen

½ Bund frischer Koriander

½ Bund frische Petersilie

2 TL Kreuzkümmelpulver

2 TL Korianderpulver

1 Prise mildes Chiligewürz

1 EL Goldsesam plus ½ EL zum Garnieren (alternativ normaler Sesam)

1 TL Natron (Speisesoda)

2 EL Weizen- oder Kichererbsenmehl

1 EL Olivenöl

Salz, Pfeffer (nach Belieben)

AUSSERDEM

Mixer

ZUBEREITUNG

1. Am Vortag die getrockneten Kichererbsen in reichlich kaltem Wasser einweichen (etwa dreimal so viel Wasser wie Kichererbsen). Abdecken und über Nacht stehen lassen.
2. Das Einweichwasser abschütten, die Kichererbsen gründlich abspülen und abtropfen lassen.
3. Für die Zubereitung im Backofen den Ofen auf 200 °C vorheizen.
4. Zwiebel und Knoblauch schälen und klein hacken.
5. Die Kichererbsen mit den anderen Zutaten, außer dem Sesam, Natron und Mehl, in den Mixer geben und mixen, bis eine grobkörnige, grießige Textur entsteht.
6. Die Mischung in eine Schüssel geben. Jetzt Sesamsamen und Natron unterrühren. So viel Mehl hinzufügen, bis die richtige Konsistenz erreicht ist. An einem kühlen Ort für 1 Stunde ruhen lassen.
7. Mit angefeuchteten Händen aus der Teigmasse kleine Bällchen formen.
8. Mit Olivenöl beträufeln und in Sesam wenden.

IN DER PFANNE

9. Öl in einer beschichteten Pfanne auf mittlerer Stufe erhitzen. Bällchen in die Pfanne geben und 4 Minuten rundum goldbraun braten. Alle Bällchen nacheinander ausbacken.
10. Herausnehmen und auf Küchenpapier ablegen, um überschüssiges Öl abtropfen zu lassen.

IM BACKOFEN

9. Die Bällchen auf ein mit Backpapier ausgelegtes Backblech legen. Für 20 Minuten in den vorgeheizten Backofen schieben.
10. Zwischendurch das Blech rütteln, um die Bällchen zu wenden, damit sie rundherum eine schöne Farbe bekommen.

SERVIEREN

11. Heiß servieren, beispielsweise mit Hummus oder Taboulé.

Für 12 Stück – Zubereitung: 10 Minuten

BÄLLCHEN AUS GERÖSTETER GERSTE (ZEMBO)

Bei diesem Rezept, das aus gemahlener, geräucherter und gerösteter Gerste zubereitet wird, ist die Entstehungsgeschichte unklar. Sicher ist, dass es sich um ein uraltes Rezept aus der Rif-Region im Norden Marokkos handelt. In einigen Regionen im Norden heißen die ungebratenen Bällchen Tazemite. Auch in Tibet wird etwas ganz Ähnliches zubereitet. Heutzutage werden sie nur noch selten gegessen, zum Frühstück oder als Nachmittagssnack zur Teezeit.

ZUTATEN

200 g Mehl aus gerösteter Gerste (die tibetische Version ist unter dem Namen Tsampa zu finden)

2 EL Olivenöl

1 Prise Salz

ZUBEREITUNG

1. Das Mehl in eine Schüssel geben.
2. Etwa 300 ml heißes Wasser nach und nach zugießen, abdecken und 10 Minuten quellen lassen.
3. Olivenöl und Salz hinzufügen und mit der Hand zu einer geschmeidigen Masse verarbeiten.
4. Kleine Bällchen formen, auf einem Teller anrichten und servieren.

MAMAS TIPP

Für dieses Rezept braucht es nicht viel. Normalerweise wird Minztee (S. 168) zu den Bällchen gereicht. Sie können das Mehl selbst rösten, indem Sie es 5 Minuten in einer Pfanne anbraten.

MAMA ERZÄHLT …

Als ich ein Kind war, haben wir die Gerstenbällchen im Sommer direkt nach der Ernte gegessen, manchmal mit Joghurt zubereitet.

Für 1 Glas mit 300 ml – Zubereitung: 20 Minuten – Marinieren: 48 Stunden

EINGELEGTE OLIVEN (ZITOUN MCHERMEL)

Eine Zutat darf in unserer Küche nie fehlen: Zitoun, Arabisch für Oliven. Sie stehen immer auf dem Tisch! Mein Vater genießt die Oliven traditionell schon zum Frühstück oder als Zwischenmahlzeit zu einem Minztee, oft mit frischem Brot. Oliven, sie verbinden uns mit unseren marokkanischen Wurzeln. Wir verwenden nur Oliven aus Marokko.

ZUTATEN

100 g grüne Oliven (in Salzlake oder neutralem Öl)

100 g schwarze Oliven (in Salzlake oder neutralem Öl)

½ Salzzitrone (S. 71)

2 Knoblauchzehen

1 EL fein gehackter frischer Koriander

1 EL fein gehackte frische glatte Petersilie

½ TL Thymian

2 Lorbeerblätter

5 EL Olivenöl

½ TL Kreuzkümmelpulver

½ TL Korianderpulver

1 TL Paprikapulver

½ TL mildes Chilipulver (optional)

AUSSERDEM

Glasgefäß 300 ml

ZUBEREITUNG

1. Die Oliven in ein Sieb geben, abspülen und abtropfen lassen.
2. Die Salzzitrone abspülen und in kleine Würfel schneiden.
3. Den Knoblauch schälen und klein schneiden.
4. Die Oliven mit allen anderen Zutaten zusammen in eine Schüssel geben und alles gut durchmischen, bis Gewürze und Kräuter gleichmäßig verteilt sind.
5. In ein luftdicht verschließbares Glas füllen und im Kühlschrank aufbewahren. Für mindestens 48 Stunden stehen lassen, damit sich die Aromen entwickeln können.
6. Etwa 30 Minuten vor dem Servieren aus dem Kühlschrank nehmen.
7. In kleinen Schälchen als Snack reichen, zum Aperitif oder zum Tee.

WISSENSWERTES

Die in Oliven enthaltenen Polyphenole haben antioxidative, entzündungshemmende und antibakterielle Eigenschaften. Studien belegen die Bedeutung von ungesättigten Fettsäuren (Oleinsäure) für die Gesundheit unserer Gehirnzellen und unseres Herz-Kreislauf-Systems sowie für unsere Augen und unsere Haut (vor allem durch die Vitamine A und E).

MAMAS TIPP

Ich empfehle, die marinierten Oliven in ein luftdicht verschlossenes Glas zu füllen und für 1 Woche im Kühlschrank aufzubewahren, damit sie die Gewürze und Aromen gut aufnehmen.

Für 1 Schüssel – Einweichen: 12 Stunden – Zubereitung: 5 Minuten – Marinieren: 10 Minuten – Backzeit: 1 Stunde

GERÖSTETE KICHERERBSEN

Die Teestunde mit Minztee ist in der orientalischen Küche das Pendant zum Aperitif. Der Tee wird auf unterschiedlichste Arten zubereitet und dazu gibt es Süßes und Salziges, von Crêpes, Fladenbrot bis hin zu gerösteten Mandeln, Mais und Kichererbsen. Geröstete Kichererbsen sind einfach und schnell zuzubereiten und eine köstliche Ergänzung zur Teestunde. Meine Mutter grillt sie »natur« mit einer Prise Salz. Ich gebe noch ein paar Gewürze dazu.

ZUTATEN

100 g getrocknete Kichererbsen (oder 200 g gekochte, dann geht es los bei Schritt 4)

1 TL Kreuzkümmel- oder Paprikapulver (optional)

Salz, Pfeffer (nach Belieben)

ZUM BACKEN IM OFEN

1 EL Olivenöl

ZUBEREITUNG

1. Am Vortag die getrockneten Kichererbsen in reichlich kaltem Wasser einweichen (etwa dreimal so viel Wasser wie Kichererbsen). Abdecken und über Nacht stehen lassen.
2. Das Einweichwasser abschütten und die Kichererbsen gründlich abspülen.
3. Die Kichererbsen in einen großen Topf mit kaltem Wasser geben, zum Kochen bringen. Bei mittlerer Hitze 45 Minuten kochen, die Kichererbsen sollten noch bissfest sein. In ein Sieb schütten und abspülen, ihre Haut durch Reiben zwischen den Fingern entfernen. Auf Küchenpapier ablegen und trocknen lassen.

IN DER PFANNE

4. Die Kichererbsen mit 1 EL Wasser in eine beschichtete Pfanne geben und bei schwacher Hitze etwa 10 Minuten rösten. Gelegentlich mit einem Holzkochlöffel umrühren, damit sie nicht anbrennen. Sie sind fertig, wenn sie eine goldbraune Farbe haben.
5. Ganz zum Schluss 1 Prise Salz und nach Belieben die Gewürze hinzufügen und gut umrühren. In eine Schüssel geben und servieren.

IM BACKOFEN

4. Den Backofen auf 200 °C vorheizen.
5. Die Kichererbsen in eine Schüssel geben. Salz, Olivenöl und optional die Gewürze hinzufügen und gut durchmischen. Etwa 10 Minuten stehen lassen, damit sich die Aromen gut verteilen.
6. Die Kichererbsen auf einem mit Backpapier ausgelegten Backblech gleichmäßig verteilen.
7. In den Ofen schieben und 20 Minuten backen, zum Wenden zwischenzeitlich das Backblech rütteln. Darauf achten, dass die Kichererbsen nicht zu hart werden.
8. Herausnehmen und in einer Schüssel servieren.

WISSENSWERTES

Die gerösteten Kichererbsen sind eine gute Alternative zu Kartoffelchips und anderem Knabbergebäck. Zudem eignen sie sich hervorragend zum Drüberstreuen über Salate oder als Garnitur auf Hummus. Auch sind alle Arten von Nüssen und Ölsaaten (Paranüsse, Cashews, Mandeln, Walnüsse, Haselnüsse) immer eine gute Idee für den kleinen Hunger zwischendurch, denn sie liefern einfach und mehrfach ungesättigte Fettsäuren.

MAMAS TIPP

Die gerösteten Kichererbsen stelle ich mit Oliven und Pistazien als Snack am Nachmittag auf den Tisch.

Wenn es schnell gehen muss und man keine Zeit hat, die getrockneten Kichererbsen einzuweichen und zu kochen, kann man auch Kichererbsen aus der Dose oder aus dem Glas verwenden.

Auf dieselbe Art bereite ich übrigens auch gebrannte Mandeln zu.

Für 4 Stück – Zubereitung: 10 Minuten – Einlegen: 2–3 Wochen

SALZZITRONEN

Traditionell verwendet man die in Salzwasser eingelegten Zitronen in Tajines und Salaten. Sie sind ein kleiner Farbtupfer, und ihr leicht säuerlicher Geschmack wertet jedes Gericht auf. Am besten hat man sie immer auf Vorrat, denn sie sind nicht nur aus ernährungsphysiologischer Sicht ein wahrer Zugewinn.

ZUTATEN

4 Zitronen

2 gehäufte EL grobes Salz

AUSSERDEM

luftdicht verschließbares Glas (500 ml)

ZUBEREITUNG

1. Die Zitronen gründlich waschen und in Viertel schneiden.
2. Die Zitronenviertel in ein sauberes, trockenes Einmachglas schichten und festdrücken.
3. Mit ca. 250 ml Wasser übergießen, bis sie komplett bedeckt sind, und das Salz zufügen.
4. Das Glas gut verschließen. Bei Raumtemperatur und vor Licht und Wärme geschützt 2–3 Wochen ziehen lassen.
5. Nach dem Öffnen im Kühlschrank aufbewahren.

WISSENSWERTES

Die Zitrone ist reich an Vitamin C und hat viele gesundheitsfördernde Eigenschaften: Sie hilft bei der Verdauung, verringert Müdigkeit, ist entzündungshemmend, entgiftend und hat eine positive Wirkung auf Haut und Knochen. Durch Fermentation mit Milchsäurebakterien (Einlegen in Wasser und Salz) bleiben die wichtigen Vitamine erhalten. Kimchi und Sauerkraut sind die bekanntesten Beispiele, man kann aber auch anderes Obst und Gemüse durch Fermentierung haltbar machen. Man spricht hier von »lebendigen« Lebensmitteln, denn in der Salzlake entwickeln sich gute Bakterien, die das Gleichgewicht unserer Darmflora unterstützen und so zu unserer Gesundheit im Allgemeinen beitragen.

MAMAS TIPP

Hier kommt es auf die Details an: Es sollen Biozitronen, Quellwasser und Salz ohne Zusatzstoffe verwendet werden. Ich gebe die eingelegten Zitronen, komplett oder nur die Schale, in Gemüsegerichte wie Spinatsalat, Mangold oder auch Karottensalat. Auch reiche ich sie mit Oliven zusammen zum Tee.

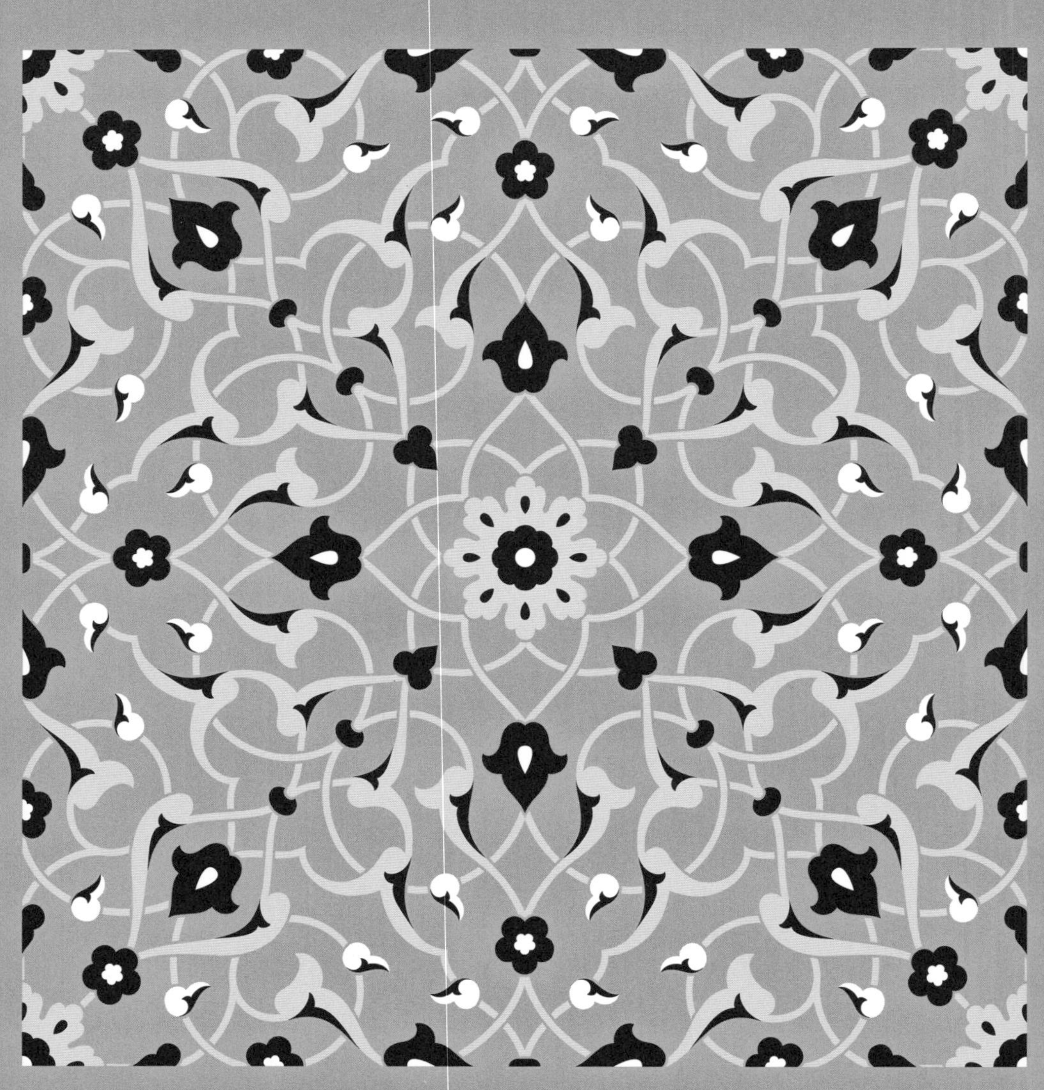

HAUPTGERICHTE UND SUPPEN

Für 8 Personen – Einweichen: 12 Stunden – Zubereitung: 1 Stunde – Kochzeit: 2 Stunden 20 Minuten

COUSCOUS MIT GEMÜSE (SEKSOU)

Für Couscous hat meine Mutter einen Leitspruch: »Nimm das Gemüse, das dir am besten schmeckt.« Wenn wir in der Familie Couscous essen, kommen immer riesige Schüsseln auf den Tisch. Die Zutaten variieren von Familie zu Familie, es gibt Tausende Rezepte. Ich liebe diese Vielfalt. Natürlich gibt es ein Grundrezept für die Zubereitung, aber was dann noch hinzukommt, ist eine Frage des Geschmacks und der persönlichen Vorlieben, der Verfügbarkeit und der Saison. Bei diesem Rezept kommt es darauf an, die einzelnen Kochvorgänge aufeinander abzustimmen (Kichererbsen, Gemüse und Couscous).

ZUTATEN

FÜR DAS GEMÜSE (1)

4 gelbe oder violette Rüben

¼ Weißkohl

3 Karotten

1 Tomate

5 Zweige frische glatte Petersilie

1 TL Kurkumapulver

1 TL Paprikapulver

1 TL Ingwerpulver

½ Teelöffel weißer Pfeffer

1 TL Salz

3 TL Olivenöl

FÜR DIE KICHERERBSEN

200 g getrocknete Kichererbsen

1 Tomate

1 Zwiebel

3 TL Olivenöl

1 TL Salz

5 Zweige frische glatte Petersilie

1 TL Kurkumapulver

1 TL Paprikapulver

1 TL Ingwerpulver

½ Teelöffel weißer Pfeffer

FÜR DEN COUSCOUS

1 kg Couscous

1 TL Salz

3 TL Olivenöl

FÜR DAS GEMÜSE (2)

½ mittelgroßer Butternut-Kürbis

1 große Süßkartoffel

1 Zucchini

3 kleine Topinamburen

3 kleine grüne milde Chilischoten (optional)

AUSSERDEM

Couscoustopf (oder Dampfgarer), alternativ den Couscous nach Packungsangabe zubereiten

ZUBEREITUNG

1. Am Vortag die getrockneten Kichererbsen in reichlich kaltem Wasser einweichen (etwa dreimal so viel Wasser wie Kichererbsen). Abdecken und über Nacht stehen lassen.
2. Das Einweichwasser abschütten und die Kichererbsen gründlich abspülen.

GEMÜSE (1) – KOCHZEIT: 30 MINUTEN

3. Rüben, Kohl, Karotten und Tomate schälen. Die Karotten der Länge nach halbieren, das übrige Gemüse in grobe Stücke schneiden. Die Hälfte der Petersilie klein hacken.
4. Gemüse und Petersilie in einen großen Schmortopf geben und bei starker Hitze ohne Deckel anbraten. Die Gewürze, restliche Petersilie, Salz und Olivenöl hinzugeben. Umrühren und für etwa 10 Minuten kochen.
5. In den Schmortopf 1,5 l Wasser gießen und alles mit einem Holzlöffel umrühren. Zugedeckt etwa 20 Minuten köcheln lassen, das Gemüse soll noch bissfest sein.

KICHERERBSEN – KOCHZEIT: 40 MINUTEN

6. Während das Gemüse kocht, die Sauce für die Kichererbsen vorbereiten. Tomate und Zwiebel schälen und in kleine Würfel schneiden.
7. Die eingeweichten Kichererbsen in einen Topf geben. Olivenöl, Salz, Zwiebel, die zu einem Sträußchen gebundene Petersilie, Tomatenwürfel und Gewürze hinzufügen. Alles gut durchmischen.
8. In den Topf 1,2 l Wasser gießen, sodass die Kichererbsen bedeckt sind. Zugedeckt für 40 Minuten bei mittlerer Hitze köcheln lassen.

COUSCOUS – KOCHZEIT: 40 MINUTEN

9. Inzwischen Couscous mit Salz und Olivenöl in einer Schüssel vermischen und beiseitestellen.
10. Den Dampfgarer mit Wasser befüllen und zum Kochen bringen.
11. Den Couscous in den Siebaufsatz geben. Bei geschlossenem Deckel 30 Minuten dämpfen.
12. Den Couscous herausnehmen und in eine Schüssel füllen. Nach und nach 750 ml Wasser hinzufügen und durchmischen. Weitere 10 Minuten dämpfen.

GEMÜSE (2) – KOCHZEIT: 30 MINUTEN

13. Während der Couscous gart, Kürbis und Süßkartoffel schälen, waschen und in große Würfel schneiden. Die Zucchini waschen, mit Schale in längliche Stücke schneiden. Die Topinamburen waschen und schälen.

14. Zucchini-, Kürbis- und Süßkartoffelstücke und Topinamburen zum übrigen Gemüse geben und alles zugedeckt bei mittlerer Hitze etwa 20 Minuten garen. Das Gemüse ist fertig, wenn es sich mit einer Gabel leicht zerdrücken lässt.
15. Nach Belieben die Chili hinzufügen und bei mittlerer Hitze 10 Minuten mitkochen, dann wieder herausnehmen.
16. Die Petersilie aus dem Topf mit den Kichererbsen nehmen.

ANRICHTEN

17. Den Couscous noch heiß auf eine große flache Schale geben.
18. Das Gemüse und die Kichererbsen gleichmäßig darüber verteilen.
19. Den Kochsud des Gemüses darübergießen.
20. Mit Chilischoten dekorieren.
21. Die große Schüssel in die Mitte des Tisches stellen. Alle essen gemeinsam direkt aus der Schüssel.

VARIATION

COUSCOUS MIT ERBSEN UND DICKEN BOHNEN

Den Couscous wie im Grundrezept beschrieben zubereiten. Währenddessen 500 g Erbsen und 300 g Dicke Bohnen (jeweils frisch oder tiefgekühlt) 20 Minuten dämpfen, bis sie weich sind. Couscous, Erbsen und Dicke Bohnen in eine große Schüssel geben, 4 EL Olivenöl dazugeben und nach Belieben würzen. Heiß oder kalt servieren, dazu empfiehlt sich ein Glas Mandel- oder Sojamilch.

WISSENSWERTES

Nach einem reichhaltigen Gericht wie diesem sollten Sie einen kleinen Verdauungsspaziergang von mindestens 15 Minuten machen. Bei einem Spaziergang an der frischen Luft tanken wir Sauerstoff und unsere Vitamin-D-Reserven werden aufgefüllt. Dabei wird nicht nur unsere Verdauung gefördert, wir bauen auch Stress ab und können nachts besser schlafen.

MAMAS TIPP

Couscous ist ein Gericht für besondere Anlässe. Das Gemüse nehme ich je nach Jahreszeit: Im Winter bevorzuge ich Rüben, Süßkartoffeln und Kürbisse, im Sommer greife ich auf Zucchini zurück, Karotten gibt es bei mir das ganze Jahr über.

Couscous kann man auch süß zubereiten (S. 136), er ist einfach ein Multitalent. Probieren Sie ihn auch einmal in Kombination mit Sauermilch und Dicken Bohnen. Eine pikante Note verleihe ich diesem Gericht mit Chilischoten, oder ich rühre etwas Harissa unter die Gemüsesauce. Diese kann nach Belieben über den Couscous gelöffelt werden.

Für 6 Personen – Zubereitung: 45 Minuten – Koch- und Backzeit: 40 Minuten

PASTILLA MIT GEMÜSE

Pastilla ist ein Essen für feierliche Anlässe, das mich an meine Kindheit erinnert. Besonders im Gedächtnis sind mir das süß-säuerliche Aroma, der Geschmack von Zimt, das zart schmelzende Gemüse umhüllt von knusprigen Brickteigblättern … Mit diesem Rezept können Sie Ihre Gäste beeindrucken, oder Sie genießen das köstliche Gemüsegericht einfach mit der Familie. Bei mir zu Hause stellen wir die ganze Pastilla auf den Tisch und teilen sie dann auf, man kann sie aber auch in einzelnen Portionen anrichten.

ZUTATEN

7 Brick- oder Yufkateigblätter

FÜR DIE GEMÜSEFÜLLUNG

2 Zwiebeln

2 Karotten

2 Zucchini

1 rote Paprikaschote

4 EL Olivenöl

1 EL frische Petersilie, gehackt

1 EL frischer Koriander, gehackt

1 TL Ingwerpulver

1 TL Kreuzkümmelpulver

1 EL Zimt

½ TL Safranpulver

30 g Rosinen (optional)

50 g Fadennudeln (Reis-Vermicelli)

Salz, Pfeffer (nach Belieben)

1 EL Pflanzenöl nach Wahl (Olive, Sonnenblume)

AUSSERDEM

runde Springform, 27 cm Durchmesser

ZUBEREITUNG

1. Den Backofen auf 190 °C vorheizen.
2. Die Zwiebeln und das Gemüse ggf. schälen oder abschrubben und in kleine Würfel schneiden.
3. Zuerst die Zwiebeln in einer Pfanne mit hohem Rand in Olivenöl 5 Minuten anschwitzen. Das gewürfelte Gemüse, Kräuter, Gewürze und Rosinen hinzufügen. Alles 15 Minuten dünsten, dabei immer wieder umrühren. Abkühlen lassen. Die Gemüsemischung in eine große Schüssel geben und beiseitestellen.
4. Die Fadennudeln für 2 Minuten in einen Topf mit kochendem Wasser geben. Abgießen, zerkleinern und zu der Gemüsemischung in die Schüssel geben. Alles gut durchmischen, in ein Sieb schütten und abtropfen lassen.
5. Die Springform mit Öl bepinseln, 2 Teigblätter in die Mitte legen und weitere 4 Blätter an den Seiten (2 links und 2 rechts) übereinanderlegen, sodass sie an der Außenseite der Form überstehen. Die Gemüsefülle auf den Blättern verteilen. Dann die Ränder der Blätter zur Mitte hin einklappen, 1 Teigblatt obenauf legen und an den Rändern einschlagen.
6. Die Oberseite der Pastilla mit Öl bestreichen und für 20 Minuten in den Ofen schieben, bis sie eine goldbraune Farbe hat.
7. Warm oder lauwarm auf einem großen Teller servieren.

WISSENSWERTES

Für eine gute Verdauung ist es äußerst wichtig, dass wir unser Essen gut kauen. Wir sollten uns die Zeit nehmen, das Essen mit all unseren Sinnen zu genießen: den Geschmack des Gemüses, den Duft der Gewürze, das Knuspern des Teiges. Und durch gutes Kauen helfen wir gleichzeitig Magen und Darm bei der Verdauung und verbessern die Nährstoffaufnahme. Nehmen Sie sich also Zeit. Und wenn möglich, kein Smartphone oder Fernsehen beim Essen, damit Sie nicht abgelenkt sind und sehen, was und wie viel Sie essen!

MAMAS TIPP

Traditionell wird dieses Gericht mit Fleisch zubereitet. Ich hingegen bevorzuge die vegane Variante, denn ich liebe den Geschmack des Gemüses und so ist das Gericht für alle geeignet.

Die Pastilla wird üblicherweise mit etwas Zimt, Puderzucker oder gerösteten Mandeln zur Dekoration bestreut. Für eine besonders originelle Version können Sie Trockenfrüchte und Nüsse unter die Füllung mischen (Rosinen, geröstete Mandeln, ...).

Für 4 Personen – Einweichen: 4 Stunden – Zubereitung: 30 Minuten – Kochzeit: 45 Minuten

GEWÜRZLINSEN MIT GEMÜSE (LARDESS)

Dieses Rezept ist in meinen persönlichen Top 3. Ich liebe es, sowohl warm als auch kalt! Wie bei einem guten Wein, der mit der Zeit immer besser wird, ist es auch bei diesem Gericht: Die Aromen entfalten sich nach und nach und es schmeckt am nächsten Tag noch besser (wenn noch etwas übrig ist). Wie bei den meisten orientalischen Gerichten hängt die Wahl der Gewürze stark von den Traditionen der jeweiligen Familie ab: Manchmal ist es Kreuzkümmel, Paprika oder auch Knoblauch zusammen mit Zwiebeln, Lorbeerblättern, Kartoffeln, Tomatenmark. Meine Mutter hingegen verwendet Ingwer, Kurkuma und Karotten, um dem Linsengericht Farbe und Geschmack zu verleihen.

ZUTATEN

250 g grüne Linsen

2 Tomaten

1 große Zwiebel

3 EL Olivenöl

2 Karotten

1 Bund glatte Petersilie oder Koriander

1 große Zucchini

1 TL Ingwerpulver

1 TL Kurkumapulver

1 TL Salz

½ TL gemahlener weißer Pfeffer

1 EL Petersilie oder Koriander zum Garnieren (optional)

ZUBEREITUNG

1. Die Linsen 4 Stunden in kaltem Wasser einweichen. Das Einweichwasser abschütten, die Linsen gut abspülen und abtropfen lassen. Anschließend 20 Minuten kochen und das Kochwasser für später aufheben.
2. Während die Linsen kochen, die Tomaten waschen und in kleine Würfel schneiden, auch die Kerne verwenden. Die Zwiebel schälen, klein würfeln und in einer Pfanne mit hohem Rand mit Olivenöl bei mittlerer Temperatur anschwitzen.
3. Die Karotten abschrubben, die Kräuter fein hacken. Die Karotten und die Zucchini in kleine Würfel schneiden und mit den gehackten Kräutern, Gewürzen und Salz in die Pfanne dazugeben. Falls das Gemüse am Pfannenboden anklebt, etwas Wasser hinzufügen.
4. Die Hitze reduzieren und alles 15 Minuten köcheln lassen.
5. Wenn das Gemüse gar ist, die Linsen zusammen mit dem Kochwasser hinzugeben und umrühren.
6. Weitere 10 Minuten köcheln lassen, bis die Linsen weich sind und die Aromen gut aufgenommen haben.
7. Das Gericht ist gar, wenn die Linsen und das Gemüse beim Zusammendrücken mit der Gabel leicht zergehen und nur noch wenig Flüssigkeit in der Pfanne ist. Nach persönlichen Vorlieben abschmecken.
8. Kurz abkühlen lassen und in großen tiefen Tellern oder kleinen Schälchen servieren. Zuvor mit Petersilie oder Koriander bestreuen.

WISSENSWERTES

Mit seinem Gehalt an Proteinen, Ballaststoffen, Vitaminen und Mineralstoffen (insbesondere Eisen, Phosphor und Magnesium) ist dieses Gericht eine echte Nährstoffbombe und damit eine erstklassige Energiequelle im Rahmen einer veganen Ernährung. Es stärkt, kräftigt und gibt viel neue Energie. Zwar wird es traditionell mit Brot gegessen, Sie sollten dabei aber aufpassen, denn die Kombination aus Hülsenfrüchten und Brot kann schwer verdaulich sein.

MAMA ERZÄHLT ...

Die Gewürzlinsen sind vor allem in Marokko und Algerien sehr beliebt. Man isst sie hauptsächlich im Winter, da sie wärmend und sättigend sind. Traditionell werden sie mit frischem Brot in einem großen Teller serviert, aus dem alle gemeinsam löffeln.

Das Geheimnis dieses Rezepts: Geduld, denn man muss alles auf sehr kleiner Flamme köcheln lassen. Bei Bedarf kann man am Ende der Kochzeit noch etwas Wasser hinzufügen, wenn man es flüssiger will.

Für 4 Personen – Zubereitung: 10 Minuten – Kochzeit: 35 Minuten

ORZO MIT ERBSEN

Dieses Gericht gehört zu den Mahlzeiten meiner Kindheit. Mama hat es oft für uns gekocht. Mich hat immer der Name der Nudeln begeistert: Vogelzungen! Und auch die goldgelbe Farbe, die vom Safran kommt, hat mich fasziniert. Ich erinnere mich an die zart schmelzende Textur der Nudeln und die feine Kombination mit den Erbsen, die nicht nur ein Farbtupfer sind, sondern auch köstlich schmecken!

ZUTATEN

1 Zwiebel

1 Tomate

3 EL Olivenöl

½ TL Safranpulver

2 Karotten

150 g Erbsen (TK)

200 g Orzo (Vogelzungen)

2 EL frische Petersilie, gehackt

Salz, Pfeffer (nach Belieben)

ZUBEREITUNG

1. Die Zwiebel und die Tomate schälen und klein schneiden. Mit Olivenöl in einer Pfanne mit hohem Rand 5 Minuten anbraten.
2. Safran und 250 ml Wasser hinzugeben und gut umrühren.
3. Die Karotten waschen, schälen und in Würfel schneiden.
4. Erbsen und gewürfelte Karotten in die Pfanne geben und zugedeckt bei mittlerer Hitze 15 Minuten garen.
5. Inzwischen die Vogelzungen in einen großen Topf mit kochendem Wasser geben und ca. 10 Minuten kochen. In ein Sieb schütten und abtropfen lassen.
6. Die Vogelzungen zum Gemüse in die Pfanne geben und alles noch einmal 5 Minuten unter gelegentlichem Rühren köcheln lassen. Mit Salz und Pfeffer abschmecken. Nach Bedarf etwas Wasser hinzufügen, damit die Gemüse-Nudel-Mischung nicht anhaftet.
7. In einer großen Schüssel mit frischer gehackter Petersilie bestreut servieren.

WISSENSWERTES

Die Erbse gehört zur Familie der Hülsenfrüchte und ist gut für unsere Gesundheit, da sie Ballaststoffe, Proteine, Vitamine (B, C, K) und Mineralstoffe wie Mangan und Phosphor enthält. Sie tragen zur gesunden Funktion und zum Schutz des Organismus bei.

MAMA ERZÄHLT …

Jede Familie bereitet dieses Gericht auf ihre spezielle Art zu. Ich koche es für meine Familie zu besonderen Anlässen, vor allem bei Festen zum Abendessen. Schon meine Mutter bereitete dieses Gericht für uns zu, als ich klein war, sie machte sogar die Nudeln selbst.

Für 10 Stück – Zubereitung: 45 Minuten – Kochzeit: 50 Minuten

AUBERGINENROULADEN MIT KARTOFFELN

Auberginen einmal anders zubereitet! Meine Mutter hat mich und meine Geschwister, als wir klein waren, immer damit beschäftigt, die Auberginen zusammenzurollen.

ZUTATEN

FÜR DIE TOMATENSAUCE

2 Knoblauchzehen

1 EL Olivenöl

3 Tomaten
Salz, Pfeffer (nach Belieben)

FÜR DIE FÜLLUNG

4 Kartoffeln

1 TL Paprikapulver

½ Bund Petersilie

Salz, Pfeffer (nach Belieben)

FÜR DIE ROULADEN

1 Aubergine

2 EL Olivenöl

AUSSERDEM

Auflaufform

Gemüsehobel

ZUBEREITUNG

1. Den Backofen auf 180 °C vorheizen.

TOMATENSAUCE

2. Die Knoblauchzehen schälen und in einer beschichteten Pfanne mit Olivenöl anschwitzen.
3. Die Tomaten waschen, schälen und die Kerne entfernen, in grobe Stücke schneiden (möglichst viel vom Saft behalten) und zum Knoblauch in die Pfanne geben. Salz, Pfeffer und 150 ml Wasser hinzufügen und zugedeckt bei schwacher Hitze 15 Minuten köcheln, dabei regelmäßig umrühren. Wenn die Tomaten weich sind, mit einer Gabel zerdrücken, sodass ein Püree entsteht. Beiseitestellen.

FÜLLUNG

4. Die Kartoffeln waschen, schälen und 15 Minuten in Wasser kochen. Herausnehmen und mit einer Gabel in einer Schüssel zerdrücken (oder reiben). Salz, Pfeffer und Paprikapulver hinzufügen und gut untermischen. Die Petersilie klein hacken, zu den Kartoffeln geben und untermischen.
5. Die Kartoffelmasse mit den Händen zu kleinen Kugeln formen und leicht flach drücken, sodass sie die Form von kleinen Würstchen bekommen.

AUBERGINENROULADEN

6. Die Aubergine waschen, den Stiel abschneiden, mit einem Gemüsehobel der Länge nach in dünne Scheiben schneiden und diese dann in eine beschichtete Pfanne mit Olivenöl legen. Von jeder Seite 2–3 Minuten anbraten.
7. Auf einer Arbeitsfläche je eine Auberginenscheibe mit einem Kartoffelkloß belegen und einrollen. Mit allen Auberginenscheiben wiederholen.
8. Eine Auflaufform mit Öl auspinseln und die Auberginenrouladen mit etwas Abstand nebeneinanderlegen.
9. Die Tomatensauce über den Rouladen verteilen.
10. Für 20 Minuten in den Backofen schieben. Nach dem Herausnehmen kurz abkühlen lassen und servieren.

MAMAS TIPP

Sie können die Zutaten für die Füllung variieren, indem Sie z. B. noch Karotten zu den Kartoffeln geben.

Die Rouladen sehen appetitlich aus. Ich serviere sie als Hauptgericht zusammen mit kleinen Salaten wie den Karotten mit Knoblauch und Kreuzkümmel (S. 60).

WISSENSWERTES

Die Kartoffel ist einfach faszinierend! Ich empfehle, sie in Dampf zu garen, damit die Nährstoffe weitgehend erhalten bleiben. Lässt man sie dann abkühlen, entwickelt sie einen besonders gesunden Ballaststoff, die sogenannte Resistente Stärke, die unsere Darmflora positiv beeinflusst.

Aber nicht nur auf dem Teller tut die Kartoffel uns gut, man kann sie auch als Wickel bei Schmerzen und Verspannungen verwenden.

Für 5 Personen – Zubereitung: 15 Minuten – Kochzeit: 20 Minuten

SPINAT MIT KREUZKÜMMEL

Jedes Mal, wenn in meiner Kindheit dieses Gericht auf den Tisch kam, musste ich an Popeye denken: Spinat macht stark! Aber Spinat enthält nicht nur wertvolles Eisen, sondern auch viele andere Nährstoffe. Ich liebe dieses Gericht, es ist einfach in der Zubereitung und schmeckt mit der Note von Kreuzkümmel ganz köstlich. Mit den Gewürzlinsen (S. 80) und der Erbsensuppe (S. 106) zählt es zu meinen Top 5. Und man kann davon so viel essen, wie man will, ohne Reue, denn Spinat ist kalorienarm und sehr gesund.

ZUTATEN

3 Knoblauchzehen oder 1 Zwiebel (weiß oder gelb)

2 EL Olivenöl

1 kg Spinat (TK) oder 3 kg frischer Blattspinat

¼ grüne Chilischote (optional)

½ TL Kreuzkümmelpulver

½ TL Salz

½ TL gemahlener weißer Pfeffer

ZUBEREITUNG

1. Knoblauch oder Zwiebel schälen und klein schneiden.
2. Olivenöl, Knoblauch (oder Zwiebel), Spinat und Chilischote in eine Pfanne mit hohem Rand geben. Bei schwacher Hitze 15–20 Minuten köcheln lassen.
3. Wenn alles Wasser verdampft ist, Kreuzkümmel, Salz und Pfeffer hinzufügen und gut umrühren. Nach Belieben nachwürzen.
4. Wenn die Spinatmasse eingedickt ist, die Chili entfernen, den Spinat auf tiefen Tellern anrichten und servieren.

WISSENSWERTES

Spinat steckt voller Vitamine (A, K, B, E), Ballaststoffe und Mineralien (unter anderem Kalzium) und unterstützt daher viele Funktionen unseres Körpers: Knochengesundheit, Sehkraft, Gehirn, Immunsystem, Darmtätigkeit … Junger Blattspinat eignet sich auch hervorragend für Smoothies.

Sie können dem Spinat auch Brennnesselblätter beimischen im Verhältnis 1:1, was nicht nur exzellent schmeckt, sondern auch Müdigkeit vertreibt. Brennnesseln enthalten zahlreiche Mineralstoffe, regen den Stoffwechsel an und wirken entwässernd.

MAMAS TIPP

Verwenden Sie frischen Spinat und geben Sie die Blätter nicht auf einmal, sondern nach und nach in die Pfanne – immer, wenn das Wasser verdampft ist. Frischer Spinat geht beim Kochen sehr zusammen, daher brauchen Sie eine größere Menge.

Wenn ich dieses Gericht für meine Familie zubereite, denke ich immer daran, dass ich damit meine Kinder und Enkelkinder mit Vitaminen versorge. Traditionell isst man den Spinat als warme Beilage, auf kleinen Tellern angerichtet, mit Oliven und in Streifen geschnittenen Salzzitronen (S. 71) dekoriert. Ich serviere ihn aber als Hauptspeise mit frischem Brot, das ich selbst backe (S. 32).

Für 4 Personen – Einweichen: 12 Stunden – Zubereitung: 45 Minuten – Kochzeit: 1 Stunde 40 Minuten

MAROKKANISCHER BOHNENEINTOPF (LOUBIA)

Bohnen, Kichererbsen, Linsen … in unserer Familie werden Unmengen von Hülsenfrüchten verzehrt. Hülsenfrüchte sind sehr nahrhaft, preiswert und sättigend. Daher sind sie bei uns ein »Familienessen«, das oft mit Salaten und frischem Brot gegessen wird. Vom Loubia gibt es mehrere Varianten. In anderen Familien werden Tomaten, Zwiebeln und Ras-el-Hanout verwendet. Alles eine Frage des Geschmacks und der Traditionen. Meine Mutter gibt Kreuzkümmel dazu. Und das Brot wird als Gabel verwendet. Ich empfehle Tachnift-Brot (S. 32). Manche kochen auch noch Kartoffeln mit.

ZUTATEN

250 g getrocknete weiße Bohnen

2 Karotten

2 Knoblauchzehen

3 EL Olivenöl

1 EL Paprikapulver

1 TL Kreuzkümmelpulver

1 Bund frischer Koriander oder glatte Petersilie, gehackt

Salz, Pfeffer (nach Belieben)

1 Lorbeerblatt (optional)

VARIATION

WEISSE BOHNEN MIT SUMACH

Die weißen Bohnen nach dem Grundrezept zubereiten und in eine Schüssel füllen. 1 TL Sumach, ½ Bund frische, gehackte Petersilie, 2 kleine, gehackte rote Zwiebeln und 4 geschälte und gewürfelte Tomaten hinzufügen. In einer Schüssel 100 ml Olivenöl, 1 EL Balsamicoessig und den Saft von ½ Zitrone verrühren und diese Vinaigrette zu den Bohnen geben. Alles gut vermischen. Vor dem Servieren 20 Minuten in den Kühlschrank stellen.

ZUBEREITUNG

1. Die Bohnen am Vorabend in der doppelten Menge Wasser einweichen und über Nacht stehen lassen.
2. Das Einweichwasser abschütten, die Bohnen gut abspülen und abtropfen lassen.
3. Die Bohnen in einen großen Topf geben und mit der doppelten Menge Wasser bedecken. Zugedeckt 1 Stunde und 15 Minuten bei mittlerer Hitze kochen lassen.
4. Die Karotten waschen, schälen und in kleine Würfel schneiden.
5. Den Knoblauch schälen und klein schneiden.
6. In einer Pfanne mit hohem Rand den Knoblauch in Olivenöl anschwitzen. Paprikapulver, Kreuzkümmel, Koriander und Karotten hinzufügen, mit Salz und Pfeffer abschmecken. Etwa 10 Minuten bei mittlerer Hitze anbraten.
7. Die Bohnen zusammen mit dem Kochwasser in die Pfanne geben, das Lorbeerblatt hinzufügen und bei mittlerer Hitze 15 Minuten unter regelmäßigem Umrühren dünsten.
8. In einem großen tiefen Teller mit frischem Brot anrichten und servieren.

WISSENSWERTES

Weiße Bohnen sind eine wertvolle Quelle für Ballaststoffe und pflanzliches Eiweiß. Sie enthalten außerdem Eisen, Magnesium und Kalium, wichtige Mineralstoffe, die den Organismus stärken und Müdigkeit vertreiben. Sie sind auch reich an Vitaminen der B-Gruppe, insbesondere B1, B6 und B9, die vor allem für das Gleichgewicht unseres Nervensystems unverzichtbar sind. Der regelmäßige Verzehr von Hülsenfrüchten ist ein wertvoller Beitrag zu einer ausgewogenen Ernährung und einem gesunden Lebensstil – ein wahres Superfood.

MAMA ERZÄHLT …

Traditionell wird dieses Rezept wegen seiner wärmenden Wirkung geschätzt. Der Eintopf tut einfach gut und ist durch die Hülsenfrüchte sehr sättigend. Ich koche es gerne für meine Familie, wenn es draußen kalt ist.

Dieses Rezept und seine Varianten sind im ganzen Mittelmeerraum weit verbreitet: Algerien, Marokko, in Tunesien, Libanon, Italien …

Wichtig bei der Zubereitung ist, dass man Geduld mitbringt. Das Gemüse braucht Zeit, um die Gewürze gut aufzunehmen und langsam gar zu werden. Am Ende der Kochzeit kann man, wenn man den Eintopf flüssiger haben möchte, noch etwas Wasser hinzufügen.

Für 4 Personen – Zubereitung: 10 Minuten – Kochzeit: 20 Minuten

GEWÜRZMANGOLD

Als Kind habe ich Mangold nicht gemocht. Aber mit diesem Gericht von meiner Mutter habe ich mich mit dem Mangold versöhnt. Es ist einfach zuzubereiten, gesund und sehr lecker. Als warmer Salat oder als Hauptgericht serviert, sind es vor allem die eingelegten Salzzitronen, die den Geschmack des Mangolds abrunden. Es gibt Abwandlungen dieses Rezepts, bei denen der Mangold mit Hülsenfrüchten (z. B. Kichererbsen) ergänzt wird.

ZUTATEN

4 ganze frische Mangoldblätter

2 Knoblauchzehen

1 Tomate

2 EL Olivenöl

1 TL Kreuzkümmelpulver

Saft von ½ Zitrone oder 1 Salzzitrone (S. 71)

2 EL frischer Koriander, gehackt (optional)

6 schwarze oder grüne Oliven (optional)

Salz, Pfeffer (nach Belieben)

ZUBEREITUNG

1. Den Mangold gründlich waschen, abtropfen lassen und klein schneiden.
2. Den Knoblauch schälen und klein hacken.
3. Die Tomate waschen, häuten und in Stücke schneiden.
4. Den Mangold etwa 15 Minuten dämpfen. Mit einer Gabel einstechen, um zu testen, ob er weich ist.
5. Den gekochten Mangold in einer beschichteten Pfanne mit Olivenöl, Knoblauch, Tomaten, Kreuzkümmel, Salz und Pfeffer 5 Minuten bei schwacher Hitze dünsten.
6. Auf einem Teller anrichten, den Zitronensaft darüberträufeln oder mit einer eingelegten, in kleine Würfel geschnittenen Salzzitrone bestreuen.
7. Nach Belieben frischen gehackten Koriander und einige Oliven hinzufügen.
8. Warm oder kalt servieren.

WISSENSWERTES

Grünes Gemüse ist reich an Ballaststoffen, die die Darmtätigkeit fördern. Und es enthält Magnesium, einen Mineralstoff, der für eine gesunde Nerven- und Muskelfunktion unerlässlich ist und uns dabei hilft, Stress zu bewältigen. Außer in grünblättrigen Gemüsesorten ist Magnesium auch in Nüssen, Vollkorngetreide und Hülsenfrüchten enthalten.

MAMAS TIPP

Da mir die Gesundheit meiner Familie sehr am Herzen liegt, koche ich regelmäßig grünes Gemüse wie dieses duftende Mangoldgericht. Ich variiere oft mit anderen grünblättrigen Gemüsesorten wie Brennnessel und Spinat. Dazu serviere ich frisches selbst gebackenes Brot (S. 32).

Für 4 Personen – Zubereitung: 30 Minuten – Kochzeit: 30 Minuten

TOMATEN-GEMÜSE-EINTOPF (TCHARMILA)

In der Berberregion im Norden Marokkos, aus der meine Eltern stammen, wird dieses Gericht mit eingelegten Tomaten zubereitet. Der Name Tcharmila ist nicht zu verwechseln mit der Chermoula aus dem Maghreb, denn das ist eine Marinade aus Gewürzen und Kräutern. Meine Mutter macht immer zwei Versionen: eine mit Knoblauch, die eine leicht säuerliche Note hat, und eine mit Zwiebeln mit süßlicher Note. Wir essen den Eintopf alle zusammen aus einer großen Schüssel mit frischem Brot. Er passt sehr gut zu Bratkartoffeln (S. 124), vor allem während der Sommermonate. In einer anderen Variante, die mit Eiern serviert wird, heißt das Gericht Shakshuka. Was mich an diesem Rezept besonders fasziniert, ist der Kontrast zwischen der Einfachheit der Zutaten und der Vielfalt der Aromen. Es zählt zu meinen Lieblingsspeisen.

ZUTATEN

6 große Tomaten

2 Knoblauchzehen

1 gegrillte rote Paprikaschote (S. 50)

1 gegrillte grüne Paprikaschote (S. 50)

2 EL Olivenöl

1 TL Paprikapulver

½ TL Kreuzkümmelpulver

Salz, Pfeffer (nach Belieben)

TCHARMILA MIT KNOBLAUCH

1. Die Tomaten waschen, entkernen und in Stücke schneiden. Den Knoblauch schälen und klein hacken.
2. Die gegrillten Paprikaschoten in kleine Streifen schneiden.
3. Paprika, Tomaten und Knoblauch mit dem Olivenöl in eine Pfanne mit hohem Rand geben und zugedeckt bei schwacher Hitze 15 Minuten köcheln lassen. Die Tomatenstücke während des Kochens mit einem Holzlöffel zerdrücken.
4. Wenn das Gemüse anhaftet, waren die Tomaten nicht saftig genug. In diesem Fall etwas Wasser hinzufügen. Alles bei schwacher Hitze weitere 15 Minuten köcheln lassen.
5. Die Gewürze hinzufügen, mit Salz und Pfeffer abschmecken und servieren.

WISSENSWERTES

Tomaten enthalten viel Wasser, Ballaststoffe und die für unsere Zellgesundheit wichtigen schützenden Antioxidantien, darunter Lycopin, das gekocht und in Verbindung mit Fett (hier Olivenöl) vom Körper besser aufgenommen wird. Die Säure der Tomaten kann mit grünem Gemüse neutralisiert werden, etwa mit Zucchini (S. 119) oder Grünen Bohnen (S. 48), was bekömmlicher ist als die Kombination mit Getreide. Manche Menschen vertragen Tomaten besser, manche schlechter. Vertrauen Sie auf Ihr Bauchgefühl.

ZUTATEN

4 große Tomaten

2 große Zwiebeln

1 gegrillte rote Paprikaschote

2 EL Olivenöl

1 TL Paprikapulver

½ TL Kreuzkümmelpulver

Salz, Pfeffer (nach Belieben)

TCHARMILA MIT ZWIEBEL

1. Die Tomaten waschen, entkernen und in Stücke schneiden. Die Zwiebeln schälen und in dünne Streifen schneiden.
2. Die Paprika in kleine Streifen schneiden.
3. Paprikastreifen, Tomaten und Zwiebeln mit dem Olivenöl in eine Pfanne mit hohem Rand geben und zugedeckt bei schwacher Hitze 15 Minuten köcheln lassen. Die Tomatenstücke während des Kochens mit einem Holzlöffel zerdrücken.
4. Wenn das Gemüse anhaftet, waren die Tomaten nicht saftig genug. In diesem Fall etwas Wasser hinzufügen. Alles bei schwacher Hitze weitere 15 Minuten köcheln lassen.
5. Die Gewürze hinzufügen, mit Salz und Pfeffer abschmecken und servieren.

MAMAS TIPP

Bei diesem Rezept ist es ganz wichtig, dass Sie es auf kleiner Flamme köcheln lassen, bis die Tomaten glasiert sind und eine Textur wie bei einem Kompott erreicht ist. Am Schluss sollte ein bisschen Flüssigkeit übrig bleiben, die man mit Brot auftunken kann. Ich empfehle, das Rezept mit der gegrillten Paprika zuzubereiten (S. 50). Hier sind meine Tipps:
Zubereitung mit Knoblauch: Das Essen ist fertig, wenn fast das ganze Wasser aus den Tomaten verdampft ist, ohne dass das Gemüse am Pfannenboden anhaftet.
Zubereitung mit Zwiebeln: Am Ende müssen die Zwiebeln leicht zergehen und die Tomaten sollten zu einer homogenen Sauce zerkocht sein.

Für 4 Personen – Zubereitung: 20 Minuten – Kochzeit: 40 Minuten

GEMÜSE-TAJINE (MARQA)

Diese Gemüse-Tajine essen wir in meiner Familie sehr oft. Wir nennen sie liebevoll Maméta, was auf Berberisch Topf bedeutet – in Anspielung auf den bauchigen Topf, in dem sie zubereitet wird. Auf Arabisch heißt dieses Gericht Marqa. Man isst gemeinsam aus einer Schüssel und tunkt die Brotstücke in die Sauce.

ZUTATEN

2 Karotten

4 mehlig kochende Kartoffeln

1 Tomate

1 große Zwiebel

3 EL Olivenöl

1 TL Ingwerpulver

1 TL Kurkumapulver

200 g Erbsen (TK)

1 Bund frische glatte Petersilie

1 Bund Koriander

frisches Brot (S. 32)

5 grüne und 5 schwarze Oliven (zum Garnieren)

Salz, Pfeffer (nach Belieben)

ZUBEREITUNG

1. Die Karotten abschrubben und in Stifte schneiden, die Kartoffeln schälen und der Länge nach vierteln. Die Tomate häuten, Kerne entfernen und in Stücke schneiden.
2. Die Zwiebel schälen und in dünne Streifen schneiden. In einen Schmortopf oder eine Pfanne mit hohem Rand geben. Öl und Gewürze hinzufügen und bei schwacher Hitze 10 Minuten anschwitzen.
3. Tomaten, Karotten, Kartoffeln und Erbsen hinzufügen, 1 l Wasser hinzugießen und 20 Minuten bei mittlerer Hitze zugedeckt köcheln lassen. Weiteres Wasser hinzugeben, falls die Gemüsemischung zu trocken wird.
4. Petersilie und Koriander klein schneiden.
5. Am Ende der Garzeit die Kräuter einstreuen, umrühren und weitere 10 Minuten köcheln lassen. Abschmecken und nach Belieben nachwürzen.
6. Das Gemüse in einem großen tiefen Teller anrichten, etwas von der Brühe dazugießen und mit frischem Brot servieren.
7. Zum Garnieren ein paar Oliven darübergeben.

WISSENSWERTES

Die Gewürze Ingwer und Kurkuma werden zwar wegen ihres Geschmacks und ihrer Aromen verwendet, sie sind aber auch aus ernährungsphysiologischer Sicht wertvoll. Ob frisch als Saft, getrocknet in Pulverform oder als Tee: Ingwer und Kurkuma stecken voller anregender, entzündungshemmender und antibakterieller Wirkstoffe, die unsere Gesundheit fördern. Gut zu wissen: Geriebener frischer Ingwer hilft gegen Übelkeit.

VARIATION

TAJINE MIT KÜMMEL

Das Grundrezept zubereiten und zu den anderen Gewürzen zusätzlich 1 EL Kümmel hinzufügen. Alle übrigen Schritte bleiben gleich.

MAMAS TIPP

Es gibt tausendundeine Möglichkeit, dieses Rezept zuzubereiten, je nachdem, welches Gemüse man verwenden möchte. Bei uns ist die Kartoffel die Grundzutat, manchmal füge ich aber auch Rüben, Zucchini oder grüne Bohnen hinzu, je nachdem, was gerade Saison hat oder was ich gerade zu Hause habe. Besonders liebe ich Erbsen mit Artischocken. Und für die Schärfe verwende ich gerne eine Prise Chili.

Für 6 Personen – Einweichen: 12 Stunden – Zubereitung: 20 Minuten – Kochzeit: 1 Stunde und 10–25 Minuten

KAROTTEN-TAJINE MIT KICHERERBSEN

Die Kombination aus Karotten und Kichererbsen ist mein Lieblingsrezept für Tajine. Die Kichererbsen sind dank der Gewürze besonders aromatisch, die Karotten zergehen auf der Zunge. Ein wahrer Genuss und gleichzeitig ein vollwertiges Essen. Am besten lässt man genügend Brühe übrig, in der das Gemüse gut ziehen kann. Die Tajine schmeckt für sich allein oder mit Beilagen auf Getreidebasis wie Grieß oder Brot.

ZUTATEN

200 g getrocknete Kichererbsen

2 Tomaten

2 Zwiebeln

4 Karotten

1 TL Kreuzkümmelpulver

1 TL Paprikapulver

4 EL Olivenöl

1 EL frischer Koriander, gehackt

Salz, Pfeffer (nach Belieben)

ZUBEREITUNG

1. Am Vortag die getrockneten Kichererbsen in reichlich kaltem Wasser einweichen (etwa dreimal so viel Wasser wie Kichererbsen). Abdecken und über Nacht stehen lassen.
2. Das Einweichwasser abschütten und die Kichererbsen gründlich abspülen.
3. Die Kichererbsen in einen großen Topf mit kochendem Wasser geben und etwa 45–60 Minuten kochen. In ein Sieb schütten, abtropfen lassen und die Kichererbsen vorsichtig zwischen den Fingern reiben, um die Haut zu entfernen.
4. Tomaten und Zwiebeln schälen und in Würfel schneiden. Die Karotten abschrubben, schälen und der Länge nach in Stifte schneiden.
5. In einer Pfanne mit hohem Rand die Zwiebeln und die Gewürze mit dem Olivenöl 5 Minuten bei mittlerer Hitze unter Rühren anbraten. Tomaten, Karotten, Kichererbsen und 200 ml Wasser hinzufügen. Alles etwa 20 Minuten bei schwacher Hitze zugedeckt unter gelegentlichem Umrühren köcheln lassen, bis die Karotten weich sind. Wenn das Gemüse anhaftet, etwas Wasser hinzufügen. Es sollte am Ende der Garzeit noch Flüssigkeit übrig sein. Abschmecken und nach Belieben würzen.
6. In einem großen tiefen Teller anrichten und mit frischem gehacktem Koriander bestreuen.

MAMA ERZÄHLT …

Das Gericht Tajine hat seinen Namen von dem Schmorgefäß aus Ton, in dem es traditionell zubereitet wird. Darin kommen die Aromen besonders gut zur Entfaltung. Wenn die Tajine fertig ist, nehmen wir einfach den Deckel ab und essen sie mit Brot direkt aus der Schüssel.

Am Ende der Kochzeit kann man, wenn man mehr Brühe haben möchte, noch etwas Wasser hinzufügen. Manchmal gebe ich auch ein paar Trockenfrüchte (Aprikosen oder Rosinen) oder andere süßliche Gemüsesorten wie Kürbis (z. B. Butternut) hinzu.

Für 4 Personen – Zubereitung: 15 Minuten – Kochzeit: 50 Minuten

TAJINE AUS GRÜNEN BOHNEN

Diese vergleichsweise leichte Tajine mit grünen Bohnen und Tomaten essen wir häufig. Sie ist, wie alle Gerichte meiner Mutter, einfach zuzubereiten und sehr lecker. Bei grünen Bohnen kommt mir vor allem in Erinnerung, wie wir als Kinder stundenlang Bohnen zubereiteten. Oder das Bild, wie meine Mutter mit einem Berg frischer Bohnen aus dem Gemüsegarten zurückkam und geduldig die Spitzen abschnitt. Ich erinnere mich, als wäre es gestern gewesen: Das Knacken, wenn wir die Bohnen auseinanderbrachen. Das war alles sehr langwierig und mühsam, aber es war wahrscheinlich eine meiner ersten meditativen Tätigkeiten. Obwohl ich mich sehr konzentrierte, träumte ich mich dennoch weg!

ZUTATEN

400 g frische grüne Bohnen

1 Tomate

2 Knoblauchzehen

1 Zwiebel

1 EL Olivenöl

1 TL Paprikapulver

1 TL Ingwerpulver

1 TL Kurkumapulver

1 TL Korianderpulver

1 TL Kreuzkümmelpulver

1 EL frischer Koriander oder Petersilie

1 Prise Pfeffer

1 Prise Salz

ZUBEREITUNG

1. Die Bohnen waschen, Spitzen abschneiden und die Fäden entfernen, Bohnen halbieren. Die Tomate waschen, häuten und vierteln. Knoblauch und Zwiebel schälen und klein hacken.
2. Beides in einer beschichteten Pfanne mit Olivenöl kurz anbraten, anschließend die Tomatenviertel hinzufügen. Etwa 10 Minuten bei schwacher Hitze köcheln lassen.
3. Inzwischen die grünen Bohnen 10 Minuten dämpfen oder in einem großen Topf mit gesalzenem Wasser kochen.
4. Die gegarten grünen Bohnen in die Pfanne geben. Gewürze, 200 ml Wasser, Koriander (oder Petersilie), Salz und Pfeffer hinzufügen und gründlich durchmischen. 30 Minuten bei schwacher Hitze zugedeckt köcheln lassen. Am Ende der Garzeit sollte noch Flüssigkeit übrig sein, falls nötig, Wasser nachgießen.
5. Die Bohnen-Tajine auf kleinen Tellern anrichten und lauwarm servieren.

WISSENSWERTES

Mit 7 g Ballaststoffen pro 100 g sind grüne Bohnen eine wertvolle Unterstützung für eine gesunde Darmfunktion. Sie enthalten sowohl lösliche als auch unlösliche Ballaststoffe. Beide wirken sich vorteilhaft auf die Regulierung der Darmtätigkeit aus. Neben Ballaststoffen enthalten grüne Bohnen auch Eisen und Vitamine (C, B9 und K1), die unseren Stoffwechsel durch ihre entzündungshemmenden und antioxidativen Eigenschaften unterstützen.

MAMAS TIPP

Besonders wichtig ist es mir, gute, frische Bohnen aus biologischem Anbau zu verwenden. Am besten sind natürlich die aus dem eigenen Garten.

Meine Lieblingsbeilage dazu sind Kartoffeln, entweder gekocht oder in Olivenöl gebraten. Mehlige Kartoffeln passen zu grünem Gemüse am besten.

Für 6 Personen – Einweichen: 12 Stunden – Zubereitung: 30 Minuten – Kochzeit: 45 Minuten

TRADITIONELLE SUPPE AUS KICHERERBSEN (HARIRA)

Die Harira-Suppe ist ein Fixpunkt der orientalischen Küche. Sie wird als Vorspeise oder auch als Hauptgericht gegessen, vor allem während des Fastenmonats Ramadan bei der gemeinsamen Mahlzeit am Abend. Es gibt Tausende Varianten, je nach Region, Familie … Meine Mutter hat mir beigebracht, dass Geduld der Schlüssel für das Gelingen dieses Rezepts ist. Man muss alles gut köcheln lassen, damit sich das Aroma der Gewürze optimal entfaltet.

ZUTATEN

100 g getrocknete Kichererbsen

3 Tomaten

2 kleine rote Zwiebeln

2 kleine Karotten

1 Bund glatte Petersilie

3 Stangen Sellerie

1 EL frischer Koriander

3 EL Olivenöl

1 TL Ingwerpulver

1 TL Kurkumapulver

½ TL Zimtpulver oder 1 Zimtstange

1 EL Salz

½ TL Pfeffer

2 EL Weizenmehl

50 g Fadennudeln (Reis-Vermicelli)

Saft von ½ Zitrone (optional)

frische Kräuter, gehackt, z. B. Koriander

AUSSERDEM

Mixer

ZUBEREITUNG

1. Am Vortag die getrockneten Kichererbsen in reichlich kaltem Wasser einweichen (etwa dreimal so viel Wasser wie Kichererbsen). Abdecken und über Nacht stehen lassen.
2. Die Kichererbsen in ein Sieb abschütten und mindestens zweimal gründlich abspülen. Zur Seite stellen.
3. Die Tomaten waschen, schälen und die Kerne entfernen. Die Zwiebeln schälen, die Karotten abschrubben.
4. Petersilie- und Sellerieblätter abzupfen und ebenso wie den Koriander klein schneiden. Die Stangen des Selleries beiseitelegen.
5. Gemüse (außer Selleriestangen) und Kräuter in einen Mixer geben und zerkleinern.
6. Das pürierte Gemüse in einen Schmortopf füllen, Olivenöl hinzufügen und bei niedriger Temperatur garen. Selleriestangen (ganz), Gewürze, Salz, Pfeffer und Kichererbsen hinzugeben.
7. Mit 1 l Wasser aufgießen. Zugedeckt etwa 30 Minuten köcheln lassen, bis die Kichererbsen gar sind. Garprobe: Mit der Gabel eine Kichererbse zerdrücken, sie sollte leicht zergehen.
8. In den Mixer 500 ml Wasser geben, das Mehl hinzufügen und durchmixen. Die Mehl-Wasser-Mischung langsam in den Topf gießen und gut umrühren. Fadennudeln hinzugeben und 10 Minuten kochen.
9. Selleriestangen (und Zimtstange) entfernen. Die Harira in Suppenschalen füllen. Mit einem Spritzer Zitronensaft verfeinern und kurz vor dem Servieren mit gehackten frischen Kräutern bestreuen.

WISSENSWERTES

Nach einem Fastentag trägt diese vollwertige Suppe dazu bei, den Körper zu rehydrieren. Dank des zerkleinerten und gekochten Gemüses ist sie leicht verdaulich und die Nährstoffe werden vom Körper schnell aufgenommen. Kurzzeitiges Wasserfasten, beispielsweise intermittierend oder für ein paar Stunden nach einem üppigen Essen, kann manchmal gut für das Verdauungssystem sein. Jedoch eignet es sich nicht für jeden und sollte nur unter Aufsicht durchgeführt werden.

MAMA ERZÄHLT …

In meiner Familie kommt diese Suppe oft während des Ramadans auf den Tisch. Tagsüber wird gefastet, am Abend benötigt man Flüssigkeit und Nährstoffe. Aber auch unterm Jahr essen wir Harira gerne. Ich sage immer, sie nährt die Seele, weil sie wärmt und die Menschen zusammenbringt. Zudem ist sie durch das frische Gemüse und die Hülsenfrüchte sehr nahrhaft. Die Suppe passt gut zu süßlichen Beilagen wie getrockneten Feigen (S. 160) oder Mandeldreiecken (S. 152).

Für 4 Personen – Zubereitung: 15 Minuten – Kochzeit: 15 Minuten

MILCHSUPPE

Ich fand dieses Rezept schon immer ein bisschen merkwürdig, da in meiner Vorstellung die Wörter Suppe und Milch nicht zusammenpassen. Dennoch schmeckt diese Kombination aus Fadennudeln und Milch sehr gut. Man nennt sie auch Milch-Berkoukes. Wenn wir als Kinder sehr erschöpft waren, war diese Suppe ein Trost für uns. Eine Erinnerung an meine Kinderzeit, mit der ich immer die liebevollen, schützenden Arme meiner Mutter verbinde.

ZUTATEN

1 Prise Salz

200 g dünne Nudeln (Fregola, Piombi, Vermicelli, Orzo)

500 ml pflanzliche Milch (Mandel, Soja, Hafer)

4 EL Olivenöl

ZUBEREITUNG

1. Wasser mit einer Prise Salz in einem Topf zum Kochen bringen. Die Nudeln nach Packungsangabe kochen, in ein Sieb schütten und abtropfen lassen.
2. Die Nudeln in eine Schüssel geben.
3. Pflanzenmilch und 200 ml Wasser in einem Topf 3–4 Minuten erhitzen, über die Nudeln gießen und verrühren. Flüssigkeitsmenge nach Belieben anpassen, mit Salz abschmecken.
4. Mit Olivenöl beträufeln und heiß in kleinen Schälchen servieren.

WISSENSWERTES

Bei einem Energietief, Stress oder Müdigkeit wirkt heiße Flüssigkeit Wunder. Brühe, Suppen, Kräutertees, ein heißes Bad, eine Wärmflasche oder auch Sauna oder Dampfbad (wenn es unsere Gesundheit zulässt) – all dies kann uns wieder auf die Beine bringen. Wärme entspannt den Körper und beruhigt das Nervensystem.

MAMA ERZÄHLT …

Diese Suppe koche ich, wenn es regnet oder draußen kalt ist. Es ist ein Rezept meiner Großmutter. Ich habe die Suppe oft für meine Kinder zubereitet, als sie noch klein waren, vor allem, wenn sie krank waren, denn sie ist auch für kranke Kinder leicht zu essen. Und für überforderte Mütter schnell zuzubereiten. Jede Familie hat ihre eigenen Vorlieben, was die Art der Nudeln betrifft. Wir hatten immer Engelshaar am liebsten. Auch Buchstabennudeln kommen gut an, damit kann man die Kinder gut unterhalten und sie ihre Sorgen vergessen lassen.

Für 4 Personen – Einweichen: 12 Stunden – Zubereitung: 30 Minuten – Kochzeit: 20 Minuten

ERBSENSUPPE (BESSARA)

Dieses Gericht ist köstlich und preiswert und es schmeckt im Winter genauso wie im Sommer. Traditionell wird Bessara aus einer großen Schüssel gegessen, die in der Mitte des Tisches steht. Dazu gibt es selbst gebackenes, frisches Brot und rohe Zwiebeln. Ich liebe das Rezept, denn ich verbinde es mit familiärer Geselligkeit. Ich höre noch das Klirren der Löffel, das sich mit dem Lachen meiner Kindheit vermischt. Denn es gab immer großes Gelächter und erstaunte Blicke von meinen Geschwistern, wenn meine Mutter zwischen jedem Löffel in eine Chilischote oder rohe Zwiebel biss. Jedes Mal, wenn ich meine Mutter besuche, wünsche ich mir dieses Gericht, um meine Kindheitserinnerungen wieder aufleben zu lassen.

ZUTATEN

500 g getrocknete Erbsen

3–4 Knoblauchzehen

1 TL Kreuzkümmelpulver

1 TL Salz

½ TL Pfeffer

2 EL Olivenöl

1–2 Bund Frühlingszwiebeln oder 1 frische Chilischote als Beilage (optional)

AUSSERDEM
Pürierstab oder Mixer

ZUBEREITUNG

1. Die Erbsen über Nacht in Wasser einweichen. In ein Sieb schütten, mit kaltem Wasser abspülen und abtropfen lassen.
2. Die Knoblauchzehen schälen.
3. Die Erbsen mit 1 l Wasser in einen großen Topf geben, Knoblauchzehen hinzufügen. Etwa 20 Minuten bei mittlerer Hitze kochen, bis die Erbsen weich sind.
4. Alles in eine Schüssel oder einen Mixer geben und pürieren, bis eine samtige, sämige Textur entsteht.
5. Kreuzkümmel, Salz und Pfeffer hinzufügen und mit einem Holzlöffel unterrühren.
6. In einer großen Schüssel oder in einzelnen Portionen servieren, mit einem Schuss Olivenöl verfeinern.
7. Optional: Als Beilage klein geschnittene Frühlingszwiebeln oder Chilischoten reichen. Zwiebeln oder Chilischoten werden roh zu Bessara gegessen.

WISSENSWERTES

Die Erbse gehört zu den Hülsenfrüchten und ist reich an B-Vitaminen, Mineralien, Ballaststoffen und Proteinen. In der veganen Ernährung kann die ausreichende Versorgung mit Proteinen, insbesondere mit essentiellen Aminosäuren, die für die Funktion unseres Organismus unerlässlich sind, zu kurz kommen. Es wird empfohlen, Getreide mit Hülsenfrüchten zu kombinieren, z. B. Erbsen mit Weizenbrot oder Couscous mit Kichererbsen. Vegane Ernährung bietet mit Hülsenfrüchten, Nüssen und Getreide durchaus zahlreiche Aminosäurequellen, wenn sie abwechslungsreich gestaltet wird.

MAMA ERZÄHLT …

Bei diesem Rezept handelt es sich um ein traditionelles Gericht, das vor allem in Marokko und Algerien gegessen wird und sehr einfach zuzubereiten ist.
In unserer Heimat, einer Berberregion, wird dieses Gericht in der Berbersprache Samalakt genannt. Und auch wir in der Familie nennen es so. Ursprünglich kommt es aus den Bergen im Norden Marokkos, wo es vor allem bei kaltem Wetter gegessen wird. Der Legende nach soll es Kraft und Mut verleihen. Aber das ist nicht ganz geklärt. Andere behaupten, das Gericht gehe (mit Bohnen zubereitet) bis in die Zeit der Pharaonen im alten Ägypten zurück.

MAMAS TIPP

Zu dieser Suppe empfehle ich, in Viertel geschnittene Zitronen zu reichen, denn ein paar Tropfen Zitronensaft runden den Geschmack wunderbar ab.

Rote Linsen haben gegenüber anderen Linsen den Vorteil, dass sie nicht eingeweicht werden müssen. Sie werden zwar auch schnell matschig, aber das ist bei einer Suppe ja ganz praktisch.

Für 4 Personen – Zubereitung: 30 Minuten – Kochzeit: 40 Minuten

ROTE LINSENSUPPE

Diese Linsensuppe ist vor allem in der Türkei sehr beliebt, wo sie im Ramadan zum Fastenbrechen (Iftar) am Abend serviert wird. Sie ist sehr sättigend und kann auch als Hauptmahlzeit dienen. Oder für die ganz Hungrigen als warme Vorspeise. Mich begeistern besonders die leichte Süße der roten Linsen und die wohltuende, wärmende Wirkung.

ZUTATEN

200 g rote Linsen

1 große Zwiebel

3 Knoblauchzehen

1 Kartoffel

1 Karotte

3 EL Olivenöl

½ TL Kurkumapulver

½ TL Kreuzkümmelpulver

¼ TL Zimt

750 ml Gemüsebrühe

1 Prise Salz

FÜR DIE SAUCE

1 EL Tomatenmark oder ½ Tomate, geschält

2 EL Olivenöl

2 EL frische Petersilie oder Minze, gehackt, zum Anrichten

1 TL scharfes Chilipulver (optional)

AUSSERDEM

Pürierstab

ZUBEREITUNG

1. Die Linsen abspülen und abtropfen lassen.
2. Zwiebel und Knoblauch schälen und klein schneiden. Kartoffel und Karotten waschen, schälen und in Viertel schneiden. Zwiebel und Knoblauch in einen Schmortopf geben und 5 Minuten mit Olivenöl anschwitzen.
3. Gemüse und Gewürze hinzugeben und weitere 5 Minuten anbraten.
4. Die Linsen hinzufügen und mit der Gemüsebrühe aufgießen. Bei starker Hitze aufkochen. Mit geschlossenem Deckel und reduzierter Hitze 15 Minuten köcheln lassen, bis die Linsen das Wasser aufgenommen haben. Falls nötig, Wasser nachgießen und weitere 10 Minuten köcheln lassen. Zur Garprobe eine Karotte mit dem Messer einstechen, sie muss weich sein.
5. Vom Herd nehmen, salzen und mit dem Pürierstab zu einer homogenen Suppe verarbeiten. Warm stellen.
6. Für die Sauce in einem kleinen Topf Tomatenmark, Olivenöl, gehackte Petersilie (oder Minze) und Chili verrühren. Bei schwacher Hitze 5 Minuten unter ständigem Rühren erhitzen. Die Sauce über die Suppe verteilen und durchmischen.
7. Heiß in Suppentellern servieren. Mit gehackter Minze oder Petersilie bestreuen.

Für 5 Personen – Zubereitung: 15 Minuten – Kochzeit: 25 Minuten

GERSTENSUPPE (IWZAN IMAMEZ)

Diese Suppe ist eine der Lieblingsspeisen meiner Mutter. Sie hat ihren Ursprung in den Küchen der Berber und ist dort sehr verbreitet. In meiner Heimat wird sie Iwzan genannt, in anderen Regionen heißt sie Tchicha. Die Suppe ist sehr nahrhaft, da die Hauptzutat Gerstengrieß ist. Sie macht schnell satt, wärmt von innen und spendet Energie. Bei den Bergbewohnern des marokkanischen Atlasgebirges ist sie sehr beliebt und man kocht sie auch für Wöchnerinnen, um ihnen neue Kraft zu geben. Der Name dieser Suppe, den meine Schwester und ich nur schwer aussprechen konnten, war auch Anlass für einige Lacher in meiner Kindheit. Denn aus dem falsch ausgesprochenen Iwzan wird Ewzan, was Menschen und nicht Gerste bedeutet.

ZUTATEN

1 Stange Sellerie

1 Karotte

1 Zucchini

1 Zwiebel

1 Tomate

1 Bund frische glatte Petersilie

1 Bund Koriander

2 EL Olivenöl

1 Prise Salz

1 EL Kurkumapulver

1 EL Ingwerpulver

200 g Gerstengrieß, mittelfein

ZUBEREITUNG

1. Gemüse waschen, schälen und klein schneiden. Kräuter waschen und klein hacken und mit dem Gemüse, Olivenöl, Salz und den Gewürzen in einen Topf geben.
2. 10 Minuten bei mittlerer Hitze dünsten, dabei gelegentlich umrühren, damit das Gemüse nicht am Boden ansetzt.
3. Mit 1,5 l Wasser aufgießen und zum Kochen bringen.
4. Den Gerstengrieß in ein Sieb geben und gründlich abspülen. Abtropfen lassen, in den Topf geben und 15 Minuten lang zugedeckt bei mittlerer Hitze kochen.
5. In Suppentellern sehr heiß servieren.

WISSENSWERTES

Gerste ist eine gute Quelle für Ballaststoffe, und sie ist auch sehr sättigend. Selbst wenn Sie nur eine Suppe essen, sollten Sie sich die Zeit nehmen, langsam und bewusst zu essen, und auf die Signale Ihres Körpers hören. Wann sich das Sättigungsgefühl einstellt, hängt nicht nur von der Dauer der Mahlzeit ab, sondern auch von anderen Faktoren wie Menge und Art der Nahrung. Es ist das Ergebnis eines komplexen Kommunikationsprozesses zwischen unserem Gehirn und unseren Verdauungsorganen, bei dem verschiedene Arten von Nervenzellen und Hormonen in Wechselwirkung stehen.

MAMA ERZÄHLT …

Ich koche diese Suppe an Winterabenden, sie ist mein Lieblingsgericht für kalte Tage. Diese Suppe wird für gewöhnlich mit Datteln oder getrockneten Feigen serviert (S. 160), insbesondere während des Ramadans, um die Mahlzeit abzurunden. Bei mir ist sie schon zur festen Tradition geworden.

BEILAGEN

Für 12 Stück – Zubereitung: 30 Minuten – Ruhezeit: 10 Minuten – Backzeit: 25 Minuten

GEMÜSETASCHEN

Diese Gemüsetaschen dürfen auf keinem orientalischen Tisch fehlen. Vor allem während des Ramadans, wenn die Familien am Abend zum Essen zusammenkommen, als Ergänzung zu einer wärmenden Suppe (S. 102). Man nennt sie auch Samoussa oder Bourek und sie können mit den unterschiedlichsten Gemüsesorten und Kräutern variiert werden. Auch als Beilage sind sie hervorragend geeignet, etwa zu einem mit Salzzitronen (S. 71) garnierten Salat.

ZUTATEN

1,5 EL Mehl

6 Brick- oder Yufkateigblätter

FÜR DIE GEMÜSEFÜLLUNG

3 Karotten

1 Zucchini

1 Kartoffel (oder 20 g gekochter Reis, um das Wasser aus dem Gemüse aufzusaugen)

1 Stange Lauch

2 EL frische glatte Petersilie und frischer Koriander, gehackt

1 TL Kreuzkümmelpulver, Kurkuma oder Ingwer (optional)

1 Zwiebel, gehackt (optional)

1 Knoblauchzehe, gehackt (optional)

1 EL Olivenöl

Salz, Pfeffer (nach Belieben)

ZUM BESTREICHEN

1 EL neutrales Pflanzenöl nach Wahl

ZUBEREITUNG

1. Den Backofen auf 200 °C vorheizen.
2. Das Gemüse waschen, schälen und raspeln (oder in ganz kleine Würfel schneiden). Alles in eine Schüssel geben und Salz, Pfeffer, Kräuter und Gewürze hinzufügen. Ebenso Zwiebel und Knoblauch, falls gewünscht.
3. Öl in einer Pfanne mit hohem Rand erhitzen, Gemüse hinzufügen und bei schwacher Hitze unter gelegentlichem Umrühren 15 Minuten anbraten. Das Gemüse sollte noch knackig sein. Aus der Pfanne nehmen und auf einem Sieb abtropfen und abkühlen lassen.
4. Mehl und 1,5 EL Wasser in einer Tasse verrühren, so entsteht eine Mischung, mit der die Teigblätter zum Schluss zusammengeklebt werden.
5. Jedes Teigblatt mit einer Schere in zwei Hälften schneiden. Das halbe Teigblatt in der Mitte zusammenfalten, sodass ein länglicher rechteckiger Streifen entsteht, der längs vor einem liegt. Am linken, schmalen Rand des Teigblattes 1 EL Füllung platzieren. Jetzt die linke obere Ecke über die Füllung zum unteren Rand falten. Das entstandene Dreieck mit der Füllung wieder nach oben falten. Wiederholen, bis das Ende des Teigstreifens erreicht und ein kleines Dreieck entstanden ist.
6. Um die Gemüsetaschen zu schließen und zu verhindern, dass sie beim Backen aufspringen, den Rand mit der Wasser-Mehl-Mischung bestreichen und die Gemüsetaschen verschließen.
7. Wiederholen, bis die Gemüsefüllung aufgebraucht ist. Die fertigen Gemüsetaschen auf einem Geschirrtuch etwa 10 Minuten ruhen lassen, dann mit etwas Öl bepinseln.
8. Auf ein mit Backpapier ausgelegtes Backblech legen und für 10 Minuten in den Ofen schieben, bis sie goldbraun sind. Lauwarm servieren.

WISSENSWERTES

Die hier benötigten Brick- oder Yufkateigblätter können mit ein wenig Mehl, Maisstärke, Salz und Wasser selbst gemacht werden. Nach Möglichkeit sollte immer Selbstgemachtem der Vorzug gegeben werden, denn so hat man die volle Kontrolle über die Inhaltstoffe. Industriell hergestellte Fertigprodukte mögen zwar praktisch wirken, enthalten aber oft Zusatzstoffe, die unseren Körper belasten.

MAMAS TIPP

Die Falttechnik ist wichtig, damit die Füllung nicht ausläuft und die Blätter beim Backen nicht aufplatzen. Mit der Mehl-Wasser-Mischung halten die Gemüsetaschen zusammen. Einfacher ist es, wenn man bei den ersten Versuchen nicht zu viel Füllung verwendet, um ein Gefühl dafür zu bekommen. Wenn Ihnen die Dreiecksform zu schwierig ist, rollen Sie die Blätter einfach wie Frühlingsrollen zusammen. Sie können die Gemüsetaschen auch frittieren, das Garen im Ofen geht jedoch schneller.

Für 10 Stück – Zubereitung: 30 Minuten – Ruhezeit: 20 Minuten – Backzeit: 40 Minuten (Pfanne) / 35 Minuten (Ofen)

KARTOFFELTALER (MAAKOUDA)

Die Kartoffeltaler sind praktisch, lecker und einfach in der Zubereitung. Vorzüglich passen sie zu einem Salat oder einer Gemüsesuppe. Kräuter und Gewürze können nach Belieben variiert werden. Seien Sie erfinderisch!

ZUTATEN

- 3 große mehlig kochende Kartoffeln
- 1 Prise Salz
- 1 Prise Pfeffer
- 1 EL frische glatte Petersilie oder Koriander, gehackt
- 3 Knoblauchzehen

ZUM WÄLZEN

- 1 EL Mehl (Weizen- oder Kichererbsenmehl)
- 1 TL Trockenhefe
- 1 TL Kurkumapulver
- 1 TL Paprikapulver
- 1 Prise Kreuzkümmelpulver
- 1 Prise Salz

ZUM BACKEN

- 1 EL Pflanzenöl

ZUBEREITUNG

1. Für die Zubereitung im Backofen den Ofen auf 210 °C vorheizen.
2. Die Kartoffeln waschen, schälen, in kleine Stücke schneiden. Im Kochtopf oder Dampfgarer 20 Minuten garen. In ein Sieb geben und abtropfen lassen.
3. Die Kartoffeln in eine Schüssel geben und mit einer Gabel oder einem Stampfer zu Püree zerdrücken. Abkühlen lassen und Salz, Pfeffer und Petersilie einstreuen.
4. Den Knoblauch schälen, klein hacken und zu den Kartoffeln geben. Alles gut durchmischen.
5. Das Mehl in eine zweite Schüssel geben. Die Hefe mit 2 EL lauwarmem Wasser verrühren und kurz stehen lassen. Hefemischung, Gewürze und 6 EL Wasser zum Mehl hinzugeben und alles verrühren. Mit Frischhaltefolie abdecken und 10 Minuten ruhen lassen.
6. Inzwischen aus der Kartoffelmasse kleine, handtellergroße Klöße formen und diese flach drücken. Für 10 Minuten in den Kühlschrank stellen.
7. Anschließend beide Seiten der Kartoffeltaler in die Mehlmischung tauchen und ablegen.

IN DER PFANNE

8. Die Taler in einer beschichteten Pfanne mit etwas Öl 2–3 Minuten anbraten und dabei regelmäßig wenden, bis sie auf beiden Seiten goldbraun sind. Auf Küchenpapier legen und abtropfen lassen.

IM BACKOFEN

8. Die Taler auf ein mit Backpapier ausgelegtes Backblech legen, die Oberseite mit Öl bestreichen und 15 Minuten backen.
9. Vor dem Verzehr kurz abkühlen lassen.

WISSENSWERTES

Ein zu hoher Salzkonsum birgt gesundheitliche Risiken (Bluthochdruck oder Herz-Kreislauf-Erkrankungen). Verwenden Sie hochwertiges Salz wie Himalaya-Salz oder Alternativen wie Gomashio, eine Mischung aus gerösteten Sesamkörnern und Meersalz. Auch Kräuter und Gewürze sind eine gute Alternative zu Salz.

MAMA ERZÄHLT …

Diese Kartoffeltaler gehören auf jede traditionelle Hochzeitstafel. Zudem schmücken sie bei uns den Ftour-Tisch zu Beginn des Ramadans.

Man kann sie auch gut statt mit Paprika mit Kurkuma oder Kreuzkümmel würzen. Und man kann alles Mögliche in den Teig hineinmixen: Die Maakoudas waren immer ein guter Trick, meine Kinder dazu zu bringen, mehr Gemüse zu essen. Manchmal habe ich beispielsweise einen Blumenkohl oder eine Zwiebel untergemischt.

Für 4 Stück – Zubereitung: 25 Minuten – Ruhezeit: 15 Minuten – Backzeit: 20 Minuten

ZUCCHINITALER

Schon seit meiner Kindheit liebe ich Gemüsetaler. Die mit Zucchini schmecken mir ganz besonders gut. Meine Mutter variiert das Rezept mit verschiedenen Gemüsesorten, sie ersetzt die Zucchini durch Auberginen, Lauch oder auch Blumenkohl. Zusammen mit einem kleinen Salat und einer Proteinquelle ergeben diese Taler eine leichte und schmackhafte Mahlzeit. In der Türkei isst man sie mit Knoblauchjoghurt.

ZUTATEN

2 mittelgroße Zucchini

1 Zweig frische glatte Petersilie

1 Knoblauchzehe

1 kleine Zwiebel (optional)

1 EL Dill (optional)

1,5 EL Kichererbsenmehl

Salz, Pfeffer (nach Belieben)

ZUM BACKEN

1,5 EL neutrales Pflanzenöl

ZUBEREITUNG

1. Die Zucchini waschen (Enden abschneiden) und mitsamt der Schale raspeln. Die Zucchiniraspel in einem Geschirrtuch ausdrücken, um das überschüssige Wasser auszupressen. Anschließend in eine Schüssel geben.
2. Die Petersilie waschen und klein hacken. Knoblauch und Zwiebel schälen und ebenfalls klein hacken.
3. Salz, Pfeffer, Petersilie, Knoblauch, Zwiebel und Dill zu den Zucchiniraspeln hinzufügen. Gut verrühren, dann das Mehl dazugeben und erneut vermischen. Etwas mehr Mehl nehmen, wenn die Mischung noch zu flüssig ist.
4. In einer beschichteten Pfanne mit etwas Öl die Taler ausbraten. Dazu jeweils 1 EL der Teigmasse in die Pfanne geben. Von beiden Seiten 3–4 Minuten braten, bis sie eine goldbraune Farbe angenommen haben.
5. Aus der Pfanne nehmen, auf Küchenpapier legen und abtropfen lassen.

WISSENSWERTES

Für diese Zucchinitaler können Sie jede Art von Mehl verwenden: Kichererbsen-, Lupinen- oder Reismehl, aber auch Maisstärke. Diese bindet die Masse und verhindert, dass die Taler beim Braten zerfallen.

MAMAS TIPP

Bei diesem Rezept ist es wichtig, möglichst viel Wasser aus den Zucchini auszudrücken, um die richtige Textur zu erhalten. Das geht gut mit einem Geschirrtuch. Durch die Zugabe von Mehl wird das übrige Wasser aufgenommen. Toller Nebeneffekt: Mit diesen Talern bringen Sie Ihre Kinder dazu, mehr Gemüse zu essen!

Für 2 Personen – Zubereitung: 15 Minuten – Kochzeit: 15 Minuten

ZUCCHINI MIT KORIANDER

Bei uns kam immer schon sehr viel Gemüse auf den Tisch, eigentlich bei jeder Mahlzeit. Mit diesem einfachen Rezept verleihen Sie Zucchini eine besondere Note. Sie eignen sich hervorragend als Beilage zu Getreide oder Hülsenfrüchten, etwa Grieß oder Kichererbsen. Ich serviere dieses Zucchinirezept aber auch gerne als Hauptgericht, wobei ich immer die frischesten Zucchini verwende.

ZUTATEN

2 mittelgroße Zucchini

2 Knoblauchzehen

1 Zwiebel (optional)

1 EL Olivenöl

3 EL frischer Koriander, gehackt

Salz, Pfeffer (nach Belieben)

FÜR DIE GARNITUR

5 g Kerne: Sonnenblumen, Sesam, Kürbis, ...

ZUBEREITUNG

1. Die Zucchini gründlich waschen und ungeschält in dicke Stifte oder große Würfel schneiden.
2. Knoblauch und Zwiebel schälen, klein hacken und in einer Pfanne mit Olivenöl kurz anschwitzen.
3. Zucchini hinzugeben und zugedeckt bei schwacher Hitze 15 Minuten dünsten, bis sie leicht zergehen. Nicht zu lange, da sie sonst an Geschmack verlieren.
4. Am Ende der Garzeit Koriander einstreuen.
5. Mit Salz und Pfeffer abschmecken.
6. Mit Kernen bestreuen und servieren.

WISSENSWERTES

Zucchini sind gesund, denn sie sind reich an Wasser, verdauungsfördernden Ballaststoffen und Antioxidantien, die wie ein Schutzschild der Zellalterung entgegenwirken. Denken Sie daran, sie nicht zu lange zu kochen oder sie schonend dampfzugaren, um ihre Vitamine, unter anderem A, B, C, und Mineralstoffe zu erhalten.

MAMAS TIPP

Das traditionelle Rezept enthält zusätzlich Tomaten und Gewürze (Paprika, Kreuzkümmel, Kurkuma, ...), aber ich bereite für meine Familie lieber diese vereinfachte Variante zu, weil ich finde, dass Zucchini und Koriander sehr gut harmonieren und so der milde Geschmack der Zucchini besser zur Geltung kommt.

Für 4 Personen – Zubereitung: 20 Minuten – Backzeit: 30 Minuten

GEBRATENE AUBERGINEN

Auberginen heißen auf Arabisch Badinjan. Wenn sie im Ofen gebraten werden, bekommen sie eine zart schmelzende Textur. Mit den Gewürzen und der frischen Minze ist dieses Gericht ein gesunder Leckerbissen. Ein einfaches Rezept für die schnelle Küche. Ich serviere die Auberginen gerne mit Taboulé (S. 54) oder Hummus (S. 56).

ZUTATEN

2 Knoblauchzehen

2 TL frischer Koriander

2 TL frische glatte Petersilie

2 EL Olivenöl

1 TL Paprikapulver

1 TL Kreuzkümmelpulver

3 Auberginen

2 EL frische Minze

Salz, Pfeffer (nach Belieben)

ZUBEREITUNG

1. Den Backofen auf 190 °C vorheizen.
2. Den Knoblauch schälen, in dünne Scheiben schneiden. Koriander und Petersilie klein hacken. Knoblauch, Koriander, Petersilie, Olivenöl, Gewürze, Salz und Pfeffer in einer Schüssel vermischen.
3. Die Auberginen waschen, gründlich abtrocknen und die Stiele entfernen. Ungeschält in große Würfel schneiden. In die Schüssel hinzugeben und alles gut vermengen.
4. Die Auberginen in einer mit Öl ausgepinselten Auflaufform verteilen und 30 Minuten im Backofen garen. Abkühlen lassen.
5. Die Minze waschen und klein schneiden.
6. Die Auberginen auf Tellern oder in einer großen Schüssel anrichten und heiß mit Minze bestreut servieren.

WISSENSWERTES

Auberginen wirken sich positiv auf die Herz-Kreislauf-Gesundheit aus und enthalten, besonders in der Schale (Bio-Auberginen verwenden!), zellschützende Antioxidantien. Sie enthalten auch Ballaststoffe, die gut für die Verdauung sind, Kalium und Vitamin B5. Um ihre Nährstoffe voll auszuschöpfen, nutzen Sie das schonende Dampfgaren.

MAMAS TIPP

Wenn Sie es nicht eilig haben, empfehle ich Ihnen, die Auberginen vor dem Backen 15 Minuten mit den Gewürzen stehen zu lassen. So verteilen sich die Aromen besonders gut. Normalerweise schneide ich Auberginen in große Stücke, Sie können sie aber auch der Länge nach in Scheiben schneiden.

Für 4 Personen – Zubereitung: 15 Minuten – Backzeit: 40 Minuten

WÜRZIGE BRATKARTOFFELN

Die so zubereiteten Kartoffeln lassen sich im Sommer gut kombinieren mit gegrilltem Gemüse oder Rohkostsalat, im Winter sind sie eine gute Beilage zu Tcharmila (S. 92) oder Spinat mit Kreuzkümmel (S. 87). Schnell, lecker und einfach – damit sind sie ein fester Bestandteil auf dem Speiseplan meiner Mutter. Diese drei Eigenschaften haben alle Rezepte in diesem Buch.

ZUTATEN

500 g kleine Kartoffeln

2 Knoblauchzehen

½ Bund frischer Koriander oder Petersilie plus mehr zum Bestreuen

2 EL Olivenöl

1 EL Paprikapulver

Salz, Pfeffer (nach Belieben)

ZUBEREITUNG

1. Den Backofen auf 200 °C vorheizen.
2. Die Kartoffeln waschen und ungeschält 20 Minuten kochen oder dampfgaren.
3. Anschließend die gegarten Kartoffeln mit kaltem Wasser abschrecken.
4. Je nach Kartoffelsorte und persönlicher Vorliebe die Kartoffeln schälen. In eine Schüssel geben, beiseitestellen.
5. Den Knoblauch schälen und durch eine Knoblauchpresse drücken. Den Koriander waschen und klein schneiden. Knoblauch und Koriander zu den Kartoffeln geben.
6. In einer Schale Olivenöl, Paprikapulver, Salz und Pfeffer verrühren und über den Kartoffeln verteilen. Alles gut durchmischen.
7. Auf ein mit Backpapier ausgelegtes Blech legen und 20 Minuten in den Ofen schieben, bis die Kartoffeln eine schöne goldbraune Farbe angenommen haben.
8. Vor dem Servieren mit frischem gehacktem Koriander bestreuen.

WISSENSWERTES

Koriander ist reich an Chlorophyll, dem er seine schöne grüne Farbe verdankt. Er enthält Antioxidantien und Vitamine, unter anderem Vitamin K1, das für Blutgerinnung und den Erhalt der Knochendichte eine wichtige Rolle spielt. Das aus seinen Samen gewonnene ätherische Öl ist verdauungsfördernd und krampflösend. Vor der Anwendung von ätherischen Ölen empfehle ich, einen Spezialisten zu konsultieren, denn bei manchen Menschen gibt es Kontraindikationen.

MAMAS TIPP

Bei der Auswahl der Gewürze sind keine Grenzen gesetzt. Kreuzkümmel, Kurkuma, gemahlener Ingwer oder sogar Zimt passen alle gut zu Kartoffeln. Man kann auch milde oder scharfe Chilischoten hinzufügen. An Kräutern besteht auch viel Spielraum: Man kann Zaatar (getrockneten Thymian), Basilikum oder auch Lorbeerblätter dazugeben. Wir finden Koriander oder Petersilie und Paprika am besten.

Für 4 Personen – Zubereitung: 10 Minuten – Backzeit: 30 Minuten

GEBACKENE SÜSSKARTOFFELN

Als ich klein war, machte meine Mutter die gebratenen Süßkartoffeln nur ab und zu. Vor dreißig Jahren waren Süßkartoffeln noch nicht so verbreitet, weil sie nicht so leicht zu bekommen waren wie heute. Trotzdem erinnere ich mich noch gut an den Geruch der Süßkartoffeln, der die Küche erfüllte, und an ihre kräftige orange Farbe. In der Berbersprache heißen sie Batata nokéchoz, was wörtlich »Holzkartoffeln« bedeutet und sich von ihrem Aussehen herleitet, anders als »süß«, das ihren Geschmack beschreibt. Meine Mutter bereitet Süßkartoffeln ohne Gewürze zu, ich mag sie aber mit etwas Ingwer, Paprika, Kreuzkümmel oder mildem Chili.

ZUTATEN

4 Süßkartoffeln

3 EL Olivenöl

1 TL Kreuzkümmel

1 TL Paprikapulver

1 TL Ingwerpulver

1 milde Chilischote (optional)

Salz, Pfeffer (nach Belieben)

ZUBEREITUNG

1. Den Backofen auf 190 °C vorheizen.
2. Die Süßkartoffeln waschen, schälen und der Länge nach in Stücke schneiden.
3. In eine Schüssel geben, Olivenöl, Salz und Pfeffer hinzufügen und gut vermischen. Nach Belieben die weiteren Gewürze Chili, Kreuzkümmel, Paprika und Ingwer hinzufügen.
4. Die Süßkartoffelstücke auf ein mit Backpapier ausgelegtes Backblech legen, in den Ofen schieben und 30 Minuten backen, bis sie gar und goldbraun sind.
5. In einer großen Schüssel anrichten und servieren.

WISSENSWERTES

Süßkartoffeln enthalten Ballaststoffe, Beta-Carotin (ein starkes Antioxidans, dem sie ihre schöne orange Farbe verdanken und das vom Körper in Vitamin A umgewandelt wird), Vitamin C und Mineralstoffe (Kalium und Kupfer). Sie unterstützen dadurch die Verdauung, die Augen- und Hautgesundheit, das Immun-, Herz-Kreislauf- und Nervensystem. Wenn man Heißhunger auf Süßes hat, ist »süßes« Gemüse wie Kürbis, Karotten oder Süßkartoffeln immer eine gute Wahl.

MAMAS TIPP

Manchmal verwende ich die Süßkartoffeln auch mit Schale. Gründlich gewaschen und gebürstet halbiere ich sie nur und lege sie so, wie sie sind, auf ein Backblech. Sehr gut schmeckt es auch, wenn man die Süßkartoffeln mit nordafrikanischem Zaatar, einer Würzmischung aus Sumach, Thymian und Sesam, würzt. Die leicht säuerliche Würze von Zaatar passt besonders gut zur feinen Süße der Süßkartoffel.

Für 4 Personen – Zubereitung: 10 Minuten – Kochzeit: 15 Minuten

ROSINENREIS

Ich bin kein großer Fan von blankem Reis. Dieses Rezept verfeinert den Reis mit Rosinen und karamellisierten Zwiebeln. Eine originelle süß-salzige Note, die mich begeistert. Und das Beste daran ist: Das Gericht besteht aus nur wenigen Zutaten und ist schnell zubereitet. Manchmal füge ich einen Hauch Zimt hinzu, der ein raffiniertes Aroma gibt. Ganz ohne Gewürze zu kochen, mag ich nicht. Gewürze spielen in unserer Familie schon seit jeher eine wichtige Rolle.

ZUTATEN

100 g Langkornreis

2 EL Olivenöl

2 Zwiebeln

50 g Rosinen

½ TL Zimt (optional)

Salz, Pfeffer (nach Belieben)

ZUBEREITUNG

1. Den Reis waschen und abtropfen lassen. Wasser mit 1 Prise Salz in einem großen Topf zum Kochen bringen. Den Reis ins Wasser geben und 10 Minuten bei mittlerer Hitze kochen. Abgießen, abtropfen lassen und abspülen. In eine Schüssel geben, Salz, Pfeffer und 1 EL Olivenöl hinzufügen und vermengen. Beiseitestellen.
2. Die Zwiebeln schälen und klein hacken. In einer Pfanne bei schwacher Hitze mit dem restlichen Olivenöl anschwitzen. Die Rosinen abspülen, zu den Zwiebeln in die Pfanne geben. Bei mittlerer Hitze 5 Minuten dünsten, gelegentlich umrühren. Nach Belieben Zimt hinzufügen.
3. Reis auf einem großen tiefen Teller mit Rosinen und Zwiebeln in der Mitte anrichten.

WISSENSWERTES

Damit Trockenobst (hier die Rosinen) leichter verdaulich wird, empfehle ich, es zu rehydrieren, indem Sie es vor dem Verzehr in etwas lauwarmem Wasser einweichen. Trockenfrüchte enthalten viel Zucker, aber auch Ballaststoffe und können als kleiner Snack zwischendurch, etwa in Verbindung mit ölhaltigen Nüssen, eine wertvolle Energiequelle sein.

MAMA ERZÄHLT …

Mit seiner einfachen Zubereitung eignet sich dieser Reis sehr gut für große Familienessen. Ich serviere ihn als Beilage zu Gemüsegerichten. Er ist sehr beliebt, auch bei Kindern, die die süße Note sehr mögen.

Für 4 Personen – Einweichen: 12 Stunden – Zubereitung: 15 Minuten – Kochzeit: 40 Minuten

WÜRZIGER DICKE-BOHNEN-EINTOPF (FOUL MUDAMMAS)

Dieses Gericht aus Dicken Bohnen, auf Arabisch heißen sie Foul, hat seinen Ursprung in Ägypten. Aber auch in Tunesien, im Libanon und in ganz Nordafrika ist es sehr verbreitet. Ein preiswertes, gesundes und nahrhaftes Essen. Es wird auch oft schon zum Frühstück gegessen, um Energie für den ganzen Tag zu tanken.

ZUTATEN

- 200 g getrocknete Dicke Bohnen (oder 400 g gekochte, dann geht es los bei Schritt 3)
- 2 Knoblauchzehen
- 3 EL gehackte Petersilie
- 3 EL Olivenöl
- 2 TL Kreuzkümmelpulver
- Saft von 1 Zitrone
- 1 Tomate (optional)
- Salz, Pfeffer (nach Belieben)

ZUBEREITUNG

1. Die Bohnen am Vortag in kaltes Wasser legen und über Nacht einweichen lassen. Am nächsten Tag das Einweichwasser abschütten und die Bohnen gründlich mit kaltem Wasser abspülen, dann abtropfen lassen.
2. Die Bohnen in einen Topf geben, mit 1 l Wasser bei mittlerer Hitze 40 Minuten kochen, bis sie weich sind. In ein Sieb gießen, abspülen und abtropfen lassen.
3. Den Knoblauch schälen und in dünne Scheiben schneiden. Die Petersilie klein hacken und beiseitestellen.
4. Die Bohnen in eine Schüssel geben, Knoblauch, Olivenöl, Kreuzkümmel, Salz und Pfeffer hinzufügen und gut vermischen. Mit einer Gabel ein Drittel der Bohnen zu einem Püree zerdrücken, die restlichen Bohnen ganz lassen. Alles noch einmal gut vermischen.
5. Den Bohneneintopf auf kleinen Tellern anrichten, mit einem Spritzer Zitronensaft beträufeln und mit der gehackten Petersilie bestreuen. Als Garnitur eignen sich gewürfelte Tomaten.
6. Lauwarm oder kalt servieren.

WISSENSWERTES

Um die Aufnahme von Eisen aus pflanzlichen Lebensmitteln zu erhöhen, ist die Zugabe von Zitronensaft und frischer Petersilie, die auch Vitamin-C-Lieferanten sind, kurz vor dem Servieren ratsam. In frischer Petersilie steckt sogar beides: Eisen und Vitamin C. Vermeiden Sie es, Kaffee oder Schwarztee direkt nach dem Essen zu trinken, denn sie haben den gegenteiligen Effekt.

MAMA ERZÄHLT ...

Dieser Eintopf wird mit Brot, Oliven und Gemüsesalaten wie dem Gurken-Tomaten-Salat (S. 45) serviert. In der ägyptischen Küche werden Tomaten hinzugegeben, in der libanesischen Küche mischt man die Bohnen mit Kichererbsen.

Für 4 Personen – Zubereitung: 15 Minuten – Kochzeit: 45 Minuten

BOHNEN NACH BERBERART

In der Berbersprache heißen Dicke Bohnen Ibawén. Auch wir in unserer Familie nennen sie so und davon abgeleitet auch das folgende Gericht. Es wird sowohl warm als auch kalt gegessen. Wir bevorzugen die kalte Variante als Vorspeise, aber in anderen Familien wird es ähnlich wie eine Tajine mit Sauce als Hauptgericht serviert. Frische Bohnen der Saison werden mitsamt den Schoten verwendet, was dieses Rezept zu einem Zero-Waste-Essen macht. Noch dazu vollgepackt mit Nährstoffen. Die Süße der Schoten gleicht den leicht bitteren Geschmack der Bohnen aus.

ZUTATEN

1,5 kg junge frische Dicke Bohnen mit Schale

2 Knoblauchzehen

1 Bund frischer Koriander oder glatte Petersilie

2 EL Olivenöl

1 TL Kreuzkümmelpulver

1 TL Paprikapulver (optional)

Salz, Pfeffer oder eine milde Chilischote (nach Belieben)

ZUBEREITUNG

1. Die Schoten waschen, die Spitzen abschneiden und die Fäden entfernen. Die Schoten in Stücke schneiden. In einem großen Topf mit Wasser 30 Minuten kochen oder im Dampfgarer garen, dann abtropfen und abkühlen lassen.
2. Inzwischen den Knoblauch schälen und in Scheiben schneiden. Den Koriander (oder die Petersilie) waschen und klein hacken.
3. Die Bohnen aus der Schote lösen und beiseitelegen. Die Schoten mit einer Gabel zerdrücken, sodass ein körniges Püree entsteht. Sind die Schoten zu fest, einen Mixer verwenden. Das Püree in eine Pfanne mit hohem Rand geben und bei schwacher Hitze 2–3 Minuten anbraten.
4. Bohnen, Knoblauch und Koriander zu dem Püree in die Pfanne geben und alles gut durchmischen.
5. Olivenöl, 1 Prise Salz, Kreuzkümmel, Pfeffer und eventuell Paprika hinzufügen und bei schwacher Hitze 10 Minuten ziehen lassen.
6. Mit frischem Koriander bestreuen. Lauwarm oder kalt servieren.

WISSENSWERTES

Hülsenfrüchte, darunter Dicke Bohnen, spielen dank der in ihnen enthaltenen Polyphenole bei der gesundheitlichen Prävention eine wichtige Rolle. Dicke Bohnen sind eine im Rahmen einer vegetarischen oder veganen Ernährung sehr gute Quelle pflanzlicher Proteine (8 g Proteine je 100 g, also mehr als in Gemüse und Getreide). Sie sind außerdem reich an Ballast- und Mineralstoffen sowie Antioxidantien wie Vitamin C.

MAMAS TIPP

Hier ist die Auswahl der frischen Bohnen entscheidend. Die besten gibt es im Frühjahr, so um den Mai herum. Sie sollten nicht zu groß sein, in etwa die Größe von Erbsenschoten haben, nicht zu jung, damit sie nicht bitter sind, und nicht zu reif, damit die Schoten nicht zu hart sind.

SÜẞSPEISEN

Für 4 Personen – Zubereitung: 20 Minuten – Kochzeit: 45 Minuten

ZIMT-COUSCOUS (SEFFA)

Süßer Couscous ist für mich etwas ganz Besonderes. Je nach Region heißt diese Süßspeise Seffa, Sellou, Sfouf oder auch Mesfouf. Sie wird mit Zimt und Mandeln zubereitet und ist im ganzen Orient sehr beliebt. Für mich ist dieses Gericht Augenweide und Gaumenfreude zugleich. Schon immer hat mich diese Süßspeise mit ihrer majestätischen Kuppelform, ihren Linien aus Zimt und Puderzucker und den kleinen Farbtupfern aus Rosinen oder Mandeln fasziniert, die den Couscous schmücken wie kleine Edelsteine bei einem Schmuckstück. Man kann statt Couscous auch Engelshaar verwenden, beide Anleitungen finden Sie unten.

ZUTATEN

FÜR DEN COUSCOUS

300 g Couscous fein, extrafein, oder Engelshaar

2 EL neutrales Pflanzenöl

1 Prise Salz

1 EL Zimt

FÜR DIE GARNITUR

100 g ganze Mandeln

1 EL Puderzucker und etwas Puderzucker zum Verzieren

1 EL Zimt und etwas Zimt zum Verzieren

30 g Rosinen (optional)

AUSSERDEM

Couscoustopf (oder Dampfgarer), alternativ den Couscous nach Packungsangabe zubereiten

Blitzhacker oder Mixer

ZUBEREITUNG

MIT COUSCOUS

1. Den Couscous in eine tiefe Schüssel geben und mit den Händen Öl und Salz unterarbeiten.
2. Den unteren Teil des Couscoustopfes (Dampfgarers) mit Wasser füllen und zum Kochen bringen. Den Couscous in den oberen Teil geben und 15 Minuten ohne Deckel dämpfen.
3. Den Couscous in eine Schüssel umfüllen, 400 ml kaltes Wasser hinzufügen und mit einem Kochlöffel gut verrühren, damit keine Klumpen entstehen. Anschließend mit den Händen verreiben.
4. Wieder in den Couscoustopf geben und noch einmal 15 Minuten dämpfen.
5. Den fertigen Couscous in eine Schüssel füllen, Zimt hinzufügen und mit den Händen oder einem Holzlöffel gut verrühren.

MIT ENGELSHAAR

1. In einer tiefen Schüssel das Engelshaar mit einer Gabel mit Öl und Salz vermischen.
2. Den unteren Teil des Couscoustopfes (Dampfgarers) mit Wasser füllen und zum Kochen bringen. Engelshaar in den oberen Teil geben und zugedeckt 15 Minuten dämpfen.
3. Anschließend das Engelshaar in eine Schüssel geben und mit zwei Gabeln vorsichtig auseinanderziehen. Darauf achten, dass es nicht zerreißt.
4. Das heiße Wasser aus dem Couscoustopf (Dampfgarer) über das Engelshaar gießen. Dann auf ein Sieb abgießen und abtropfen lassen.
5. Vor dem Servieren in einer Schüssel mit Zimt vermischen.

ANRICHTEN

6. Couscous oder Engelshaar lauwarm in einer großen flachen Schale zu einer Kuppel oder Pyramide formen.
7. Mandeln in einem Topf mit kaltem Wasser einweichen. Aufkochen, anschließend kalt abschrecken, die Schalen abziehen und die Mandeln auf einem Küchenpapier ausbreiten und trocken werden lassen.
8. Die Mandeln in einer Pfanne bei starker Hitze mit Öl 4 Minuten unter gelegentlichem Rühren anrösten. Darauf achten, dass sie gleichmäßig geröstet werden, ohne anzubrennen. Die gerösteten Mandeln auf ein Küchenpapier geben und abkühlen lassen. Für die Garnitur zehn ganze Mandeln beiseitelegen.
9. Die restlichen Mandeln in einem Blitzhacker oder Mixer zerkleinern.
10. Für die Verzierung der Kuppel: 1 EL Puderzucker und Zimt vermischen und auf die Kuppel streuen. Die gehackten gerösteten Mandeln ebenfalls darüberstreuen.
11. Abwechselnd eine Linie aus Zimt, eine Linie aus Puderzucker und eine Linie aus den ganzen gerösteten Mandeln sternförmig von der Spitze bis zum Rand ziehen. Nach Belieben Rosinen hinzufügen. Diese vorher für ein paar Minuten in lauwarmem Wasser einweichen und auf Küchenpapier abtrocknen lassen.
12. Kleine Schälchen mit Puderzucker und gemahlenen gerösteten Mandeln füllen (nach persönlicher Vorliebe) und für die Gäste zum Nachstreuen auf den Tisch stellen.
13. Servieren.

WISSENSWERTES

Neben seinen geschmacklichen Qualitäten ist Zimt für seine belebenden, antibakteriellen, infektionshemmenden und verdauungsfördernden Eigenschaften bekannt und trägt außerdem zur Regulierung des Blutzuckerspiegels bei. Zimt schmeckt auch wunderbar in Heißgetränken, etwa in der »Goldenen Milch« (auch »Golden Latte«) mit Kurkuma, Kokos- oder Mandelmilch, mit 1 Prise Ingwer und Pfeffer.

MAMA ERZÄHLT …

Seffa gehört zum festen Repertoire für besondere Anlässe wie Hochzeiten und Veranstaltungen oder einfach, wenn die ganze Familie zusammenkommt.

In der traditionellen Zubereitung wird dem Couscous oder dem Engelshaar Butter untergemischt. Wir ersetzen die Butter durch Pflanzenöl (Kokos, Olive). Zur Dekoration verwende ich manchmal auch Rosinen, aber ich nutze nur eine Zutat für die Süße: entweder Puderzucker oder Rosinen. Die süße Note muss dezent bleiben, damit sie nicht die übrigen Aromen, insbesondere den Zimt, überlagert.

Für 10 Stück – Zubereitung: 25 Minuten – Ruhezeit: 1 Stunde 15 Minuten – Backzeit: 30 Minuten

BRIOCHE MIT SESAM UND ANIS (KRACHEL)

Diese Sesambrioches heißen auf Arabisch Krachel. Sie sind weich und duften zart nach Anis. Wie die Hefekringel (S. 40) und die Pfannkuchen mit den tausend Löchern (S. 143) erinnern sie mich an meine Kindheit. Wenn ich mit meinen Geschwistern von der Schule nach Hause kam, hatten wir unseren Spaß dabei, sie in zwei Hälften zu schneiden und uns zu überlegen, womit wir diese schönen kleinen Brioches bestreichen sollen. Mit Schokocreme, mit Marmelade (ich liebte vor allem Himbeere) – oder einfach ohne alles. Meine Vorlieben haben sich seitdem geändert, heute esse ich diese Brioches gerne mit Nussaufstrichen (Haselnuss, Mandel und Cashew sind meine Favoriten) und einem Löffelchen Marmelade obendrauf. Das ist meine orientalische Version des amerikanischen Peanut Butter Jelly Sandwich!

ZUTATEN

FÜR DEN BRIOCHETEIG

300 g Weizenmehl

30 g Rohzucker (z. B. Kokosblütenzucker)

1 Prise Salz

1 TL grüne Anissamen

2 EL neutrales Pflanzenöl (Raps, Kokos, Olive)

1 TL Orangenblütenwasser

130 ml Mandelmilch

2 TL Trockenhefe

UM DIE BRIOCHES ZU FORMEN

1 TL neutrales Pflanzenöl

FÜR DIE GARNITUR

2 TL Mandelmilch

1 TL Zucker

1 TL Sesam

ZUBEREITUNG

1. Mehl, Zucker, Salz und Anis in eine Schüssel geben und vermischen. Öl und Orangenblütenwasser hinzufügen.
2. Die Mandelmilch leicht erwärmen und 3 EL davon in ein Glas gießen, Trockenhefe darin auflösen und 2–3 Minuten stehen lassen.
3. Die Mandelmilch-Hefe-Mischung und nach und nach die übrige Mandelmilch unter ständigem Rühren in die Schüssel gießen.
4. Mit den Händen kneten, bis ein glatter Teig entstanden ist.
5. Den Teig in eine Schüssel geben und mit Frischhaltefolie oder einem sauberen Geschirrtuch abdecken. Etwa 1 Stunde an einem warmen Ort ruhen lassen, bis er sein Volumen verdoppelt hat.
6. Ein paar Tropfen Öl in den Händen verreiben und den Teig noch einmal gut durchkneten. Dann kleine Kugeln in der Größe einer Mandarine formen und auf ein mit Backpapier ausgelegtes Blech legen. Die Kugeln leicht andrücken, mit Frischhaltefolie oder einem Geschirrtuch abdecken und erneut 15 Minuten gehen lassen.
7. Den Backofen auf 180 °C vorheizen.
8. Die Mandelmilch in einer Tasse mit dem Zucker verrühren. Die kleinen Teigkugeln mit der Mandelmilch bestreichen und mit Sesam bestreuen.
9. Die Brioches für 30 Minuten in den Ofen schieben, bis sie eine schöne goldbraune Farbe haben. Abkühlen lassen und mit Minztee servieren.

WISSENSWERTES

Der in diesen Brioches enthaltene Anis ist verdauungsfördernd und krampflösend, zudem hat er antibakterielle Eigenschaften. Auch wird ihm eine positive Wirkung auf unsere Atemwege und das Immunsystem zugeschrieben. Wenn Sie den Geschmack mögen, können Sie Anissamen in verschiedene Rezepte integrieren. Man kann sie auch zu einem Tee aufbrühen.

MAMAS TIPP

Für die Brioches ist Zeit und Geduld notwendig. Wenn ich sie zubereite, mache ich gleich mehr davon, etwa die dreifache Menge, und friere sie in kleinen Beuteln ein. So habe ich immer einen Vorrat, und wenn ich sie schnell brauche, nehme ich sie aus dem Tiefkühler, taue sie auf und erwärme sie kurz im Backofen, bevor ich sie serviere. Für den Teig kann man sowohl frische Hefe als auch Trockenhefe verwenden.

Für 15 Stück – Zubereitung: 10 Minuten – Ruhezeit: 15 Minuten – Backzeit: 45 Minuten

PFANNKUCHEN MIT TAUSEND LÖCHERN (BAGHRIR)

Baghrir, auch Rhefaf genannt, tragen den Namen »Pfannkuchen mit tausend Löchern« aufgrund ihres charakteristischen Aussehens. Als ich klein war, machte es mir großen Spaß, das Geheimnis dieser Löcher zu erforschen und ihre Anzahl auf der Oberfläche der Pfannkuchen zu zählen. Meine Mutter sagt immer: Ohne Löcher ist der Pfannkuchen misslungen! Diese Pfannkuchen sind wunderbar zum Frühstück oder als Snack zwischendurch, mit etwas Olivenöl oder mit süßen Beilagen.

ZUTATEN

FÜR DEN PFANNKUCHENTEIG

5g Trockenhefe oder 15g frische Hefe

15g Zucker

300g Weizenmehl

300g Weizengrieß extrafein oder fein

10g Salz

1 TL Backpulver

ZUM BACKEN

20ml neutrales Pflanzenöl (Kokos, Raps)

AUSSERDEM

Mixer

ZUBEREITUNG

1. Trockenhefe mit 950ml lauwarmem Wasser in den Mixer geben. Zucker hinzufügen und mixen.
2. Mehl, Grieß und Salz einfüllen und weitere 2 Minuten mixen, dann das Backpulver dazugeben und noch einmal kurz mixen.
3. Den entstandenen Teig 15 Minuten stehen lassen.
4. Eine kleine Pfanne (oder Crêpes-Pfanne) leicht einfetten und bei mittlerer Hitze erwärmen.
5. Eine Schöpfkelle Teig in die Pfanne gießen und verstreichen. Den Pfannkuchen nur von einer Seite etwa 3 Minuten backen, bis sich auf der Oberfläche die besagten Löcher gebildet haben. Aus der Pfanne nehmen und auf einem großen Teller ablegen.
6. Die Pfanne erneut einfetten und alle weiteren Pfannkuchen genauso backen.
7. Heiß mit Minztee servieren.

WISSENSWERTES

Zu diesen Pfannkuchen kann Fruchtpüree ohne Zuckerzusatz, Nussmus oder natürliche Sirupe gereicht werden: Agaven-, Dattel-, Ahorn- oder Kokosblütensirup. Achten Sie auf den glykämischen Index dieser Sirupe, die viel Zucker enthalten und daher aus gesundheitlicher Sicht nur in Maßen genossen werden sollten.

MAMA ERZÄHLT …

Meine Tochter hat mir, als sie klein war, immer wieder die Frage gestellt: »Mama, wie schafft man es, dass der Pfannkuchen genau tausend Löcher hat?« Da ich für das Rätsel keine überzeugende Antwort wusste, gab ich ihr den Rat, bei der Zubereitung ganz genau zuzusehen. Mir selbst wurde früher immer erzählt, dass man die Augen beim Backen weit aufmachen muss und nicht vom Pfannkuchen abwenden darf, damit die tausend Löcher entstehen. Probieren Sie es aus! Ich empfehle, zwei Triebmittel zu verwenden: Hefe und Backpulver – damit es die Löcher leichter haben!

Für 15 Stück – Zubereitung: 20 Minuten – Backzeit: 15 Minuten – Ruhezeit: 40 Minuten

KOKOSBÄLLCHEN MIT MARMELADE

Diese kleinen Bällchen mit Kokosflocken und Konfitüre sind im Orient sehr beliebt, vor allem an hohen religiösen Festtagen, wenn Süßgebäck für die ganze Familie serviert wird. Die Bällchen werden nicht als Dessert gereicht, sondern als süßer Snack zwischendurch. Sie sind bei Groß und Klein sehr beliebt, sehen hübsch aus (man nennt sie auch »Schneebälle«), schmecken köstlich und zergehen im Mund. Ich kann mich noch gut daran erinnern, wie ich mit meiner Schwester stundenlang die Bällchen in Konfitüre gewälzt habe, weil wir immer große Mengen davon zubereiten mussten. Sie waren ganz schnell wieder aufgegessen.

ZUTATEN

200 g Weizengrieß extrafein

½ TL Backpulver

1 TL Vanillezucker

50 g Apfelmus

25 g Puderzucker (gern aus Rapadura, Muscovado oder Kokosblütenzucker)

100 ml Pflanzenöl (Raps, Kokos)

Abrieb von ¼ Zitrone

FÜR DIE MARMELADE

2 EL Aprikosen- oder Erdbeermarmelade

1 TL Orangenblütenwasser

FÜR DIE VERZIERUNG

70 g Kokosraspel

ZUBEREITUNG

1. Den Backofen auf 180 °C vorheizen.
2. Grieß, Backpulver, Vanillezucker, Apfelmus, Puderzucker, Öl und Zitronenschale in eine große Schüssel geben und mit den Händen gut vermengen.
3. Walnussgroße Kugeln formen, diese zu Halbkugeln flach drücken und nebeneinander auf ein mit Backpapier ausgelegtes Blech legen.
4. Für 15 Minuten in den Ofen schieben. Das Blech herausnehmen und 10 Minuten abkühlen lassen.
5. Die Marmelade kurz in einem Topf erwärmen, das Orangenblütenwasser hinzufügen und umrühren.
6. Die Halbkugeln mit der flachen Seite in die Marmelade tunken und dann zusammensetzen.
7. Die Kokosraspel auf einen Teller geben.
8. Die zusammengesetzten Bällchen zunächst mit Marmelade überziehen und anschließend in den Kokosraspeln wälzen.
9. Die fertigen Bällchen auf ein Kuchengitter legen und etwa 30 Minuten trocknen lassen.

WISSENSWERTES

Die Kokosnuss wird zu vielen Lebensmitteln verarbeitet – Getränke, Flocken, Kokosöl und vielem mehr. Sie ist aus ernährungsphysiologischer Sicht sehr interessant. Ihr Wasser ist reich an Vitaminen und Mineralstoffen, insbesondere Kalium und Natrium (Elektrolyte). Kokoswasser ist daher das optimale Getränk nach anstrengendem Sport zur gesunden Rehydrierung.

MAMAS TIPP

Diese Bällchen mache ich immer in großen Mengen, meist der doppelten oder dreifachen. Dann bewahre ich sie in luftdicht verschließbaren Dosen an einem kühlen Ort auf. Allerdings bleiben sie dort meist nicht lange …

Ich empfehle, zu den leckeren Kokosbällchen einen frischen Minztee zu reichen.

Für 16 Stück – Zubereitung: 15 Minuten – Backzeit: 25 Minuten

SANDGEBÄCK MIT SESAM UND ZIMT (GHRIBIA)

Ghribia gehören zu den traditionellen Gebäcken, die bei Festen gereicht werden. Man braucht nur wenige Zutaten, und diese Einfachheit gefällt mir. Ghribia werden in bunten Papierförmchen serviert. Charakteristisch sind die Risse auf der Oberfläche. Sie haben vieles gemeinsam mit den Orangenblütenplätzchen (S. 150), aber hier kommen Zimt und vor allem Sesam zum Einsatz.

ZUTATEN

40 g Sesam

50 g Mandeln

200 g Weizenmehl

120 ml neutrales Pflanzenöl

40 g Zucker

1 TL Zimt

½ TL Salz

AUSSERDEM
Blitzhacker oder Mixer

ZUBEREITUNG

1. Den Backofen auf 180 °C vorheizen.
2. Den Sesam in einem Topf ohne Zugabe von Öl kurz anrösten und abkühlen lassen.
3. Die Mandeln in einem Blitzhacker oder Mixer fein mahlen.
4. Mehl, gemahlene Mandeln, Sesam, Öl, Zucker, Zimt und Salz in eine Schüssel geben und gut vermischen, bis ein glatter Teig entsteht.
5. Den Teig 5 Minuten mit den Händen durchkneten.
6. Etwa walnussgroße Kugeln formen und auf ein mit Backpapier ausgelegtes Backblech legen.
7. Für 20 Minuten im Ofen backen, bis die Oberfläche Risse zeigt und eine goldbraune Farbe hat. Die ersten 10 Minuten die obere Schiene benutzen, dann das Blech für weitere 10 Minuten in die untere Schiene schieben.
8. Das Sandgebäck herausnehmen und auf einem Kuchengitter abkühlen lassen.

WISSENSWERTES

Kuchen und Gebäck sind reich an Zucker und daher ist es ratsam, sie nur in Maßen zu verzehren und zu naturbelassenen, möglichst nicht raffinierten Süßungsmitteln zu greifen. Dennoch haben Genuss und Freude am Essen in einer ausgewogenen Ernährung durchaus ihren Platz. Das Wichtigste ist, bei der Größe der Portionen Vernunft walten zu lassen. Der Mediziner und Alchemist Paracelsus sagte: »Alle Dinge sind Gift, und nichts ist ohne Gift; allein die Dosis macht, dass ein Ding kein Gift sei.«

MAMAS TIPP

Das Grundrezept ist einfach und ich empfehle, mit Kokosraspel, Zitronenschalen, Vanilleextrakt usw. zu experimentieren.

Damit die Plätzchen auf der Zunge zergehen, müssen Sie Öl und Zucker gut vermischen.

Den Mehlanteil kann man reduzieren, indem man stattdessen gemahlene Mandeln und Sesam verwendet.

Es ist ganz wichtig, den Backofen im Auge zu behalten, damit die Plätzchen nicht zu trocken werden.

Zur Dekoration werden die Ghribia mit Puderzucker bestäubt, bevor man sie in großen Schalen zusammen mit anderem Gebäck auf den Tisch stellt.

Die Plätzchen können in einer luftdichten Dose aufbewahrt werden.

WISSENSWERTES

Die in der Dattelpaste enthaltene Gewürznelke ist mehr als nur ein Gewürzkraut. Sie hat antiseptische, kräftigende und entzündungshemmende Eigenschaften und ist für ihre positive Wirkung in der Mund- und Zahngesundheit bekannt.

In Tees oder als Gewürz ist sie auch gut für unsere Verdauung. Meine Mutter gibt Gewürznelkenpulver sogar in das Henna, mit dem wir unsere Haare pflegen.

MAMAS TIPP

Es ist üblich, dieses Gebäck zu frittieren und anschließend in erwärmten Honig zu tauchen. Unsere Zubereitung im Ofen ist fettreduziert und der Überzug ist vegan.

Für eine glutenfreie Variante können Sie Reis- oder Maisgrieß verwenden.

Makrouds können gut in einer luftdichten Dose für mehrere Tage aufbewahrt werden.

Für 10 Stück – Zubereitung: 45 Minuten – Ruhezeit: 20 Minuten – Backzeit: 35 Minuten

DATTELGEBÄCK (MAKROUD)

Makroud gehört zu den bekanntesten Gebäcksorten, die für hohe Festtage zubereitet werden. Ihr Hauptbestandteil sind Grieß und Dattelpaste. In der orientalischen Küche gibt es von Familie zu Familie unterschiedliche Zubereitungsarten für die traditionellen Gerichte und Süßspeisen. Aber allen Makroud-Rezepten sind die Dattelpaste und ihre Rautenform gemeinsam.

ZUTATEN

FÜR DEN TEIG

200 g Weizengrieß fein

2 EL Orangenblütenwasser

1 Prise Salz

3 EL neutrales Pflanzenöl

FÜR DIE DATTELPASTE

10 Datteln

½ TL Zimt

1 Prise Gewürznelkenpulver

FÜR DEN ÜBERZUG (OPTIONAL)

130 g Kokossirup

1 EL Orangenblütenwasser

AUSSERDEM

Mixer oder Blender

Makroud-Stempel

ZUBEREITUNG

1. Den Backofen auf 190 °C vorheizen.
2. Den Grieß in eine große Schüssel geben. Orangenblütenwasser, Salz und Öl hinzufügen und gut mit den Händen vermischen. Nach und nach 25 ml Wasser hinzufügen. Beiseitestellen.
3. Für die Dattelpaste die Datteln schälen, ggf. entsteinen und zu einer Paste pürieren. In eine Schüssel geben und mit den Händen Zimt und Nelken unterkneten, bis eine geschmeidige Masse entsteht. Beiseitestellen.
4. Die Arbeitsfläche mit etwas Grieß bestreuen. Die Hände mit ein paar Tropfen Öl einreiben.
5. Eine Portion Grießteig zu einer dicken Rolle formen. Anschließend den Teig über die gesamte Länge in der Mitte eindrücken, sodass eine Mulde entsteht.
6. Aus der Dattelpaste mehrere etwa fingerdicke Stränge formen und einen davon in die Mulde geben.
7. Den Grießteig über der Dattelpaste wieder zu einer geschlossenen Rolle zusammendrücken. Sie sollte in etwa einen Durchmesser von 2 cm haben. Mit einer Prise Grieß bestreuen. Mit dem übrigen Grießteig und der Dattelpaste weitere Rollen formen.
8. Die Rollen etwas platt drücken und in Rauten schneiden. Diese mit einem Makroud-Stempel weiter flach drücken und ein schönes Muster aufprägen. Alternativ mit einem Messer das Muster einritzen. Die Rauten auf ein mit Backpapier ausgelegtes Backblech legen und 20 Minuten ruhen lassen.
9. Im Backofen 30 Minuten backen, bis die Makrouds eine goldbraune Farbe haben.
10. Auf einem Kuchengitter abkühlen lassen.
11. Für den Überzug (optional): Orangenblütenwasser und Kokossirup verrühren und in einem Topf 2–3 Minuten erwärmen. Dann die Makrouds darin eintauchen. Auf einem Sieb abtropfen und abkühlen lassen.
12. In einer großen Schale servieren.

Für 15 Stück – Zubereitung: 10 Minuten – Backzeit: 20 Minuten

ORANGENBLÜTENPLÄTZCHEN

Dieses Gebäck mit Orangenblütenwasser ist eine sehr beliebte und im Orient weit verbreitete Süßigkeit. Die Plätzchen werden mit Zimt und einer Mandel in der Mitte dekoriert, die Zubereitung ist einfach. Wie bei den Mandeldreiecken (S. 152) ist es üblich, sie mit einem Minztee (S. 168) zu reichen.

ZUTATEN

250 g Weizenmehl

40 g Zucker

100 ml neutrales Pflanzenöl

50 ml Orangenblütenwasser

15 ganze Mandeln

2 TL Zimt (optional)

ZUBEREITUNG

1. Den Backofen auf 180 °C vorheizen.
2. Mehl und Zucker in eine Schüssel geben, Öl und Orangenblütenwasser nach und nach unter Rühren hinzufügen.
3. Walnussgroße Bällchen formen und auf ein mit Backpapier ausgelegtes Backblech legen. Die Bällchen leicht platt drücken. Nach Belieben mit einer Mandel in der Mitte garnieren.
4. 20 Minuten im Ofen backen.
5. Herausnehmen und auf einem Kuchengitter abkühlen lassen.
6. Mit Zimt bestäuben.

WISSENSWERTES

Orangenblütenwasser ist dafür bekannt, dass es orientalischem Gebäck seine typische Note verleiht. Aber auch außerhalb der Küche wird das Hydrolat für seine beruhigende und wohltuende Wirkung geschätzt. Orangenblüten können in einem entspannenden Tee aus anderen beruhigenden Kräutern wie Kamille, Majoran oder Lavendel verwendet werden, der vorzugsweise mindestens anderthalb Stunden nach der Mahlzeit und spätestens eine Stunde, besser einige Stunden vor dem Schlafengehen getrunken werden sollte.

MAMA ERZÄHLT …

Orangenblütenplätzchen mache ich immer ein paar Tage vor den hohen Feiertagen, zusammen mit Makrouds (S. 149) und Kokosbällchen (S. 144). Das ist ein großer Aufwand, aber beim Backen vor großen Festen helfen alle mit, auch andere Familien. So wird die Vorbereitung auf das Fest schon zum gemeinsamen Ritual. Das Süßgebäck servieren wir dann in Reihen angeordnet auf großen Platten. Ich stelle sie am Vortag auf den Tisch und überziehe sie mit Frischhaltefolie. Am Festtag muss ich nur noch den Tee zubereiten und empfange entspannt meine Gäste.

Für 20 Stück – Zubereitung: 30 Minuten – Ruhezeit: 10 Minuten – Backzeit: 25 Minuten (Pfanne) / 20 Minuten (Ofen)

MANDELDREIECKE (BRIOUATS)

Briouats gehören wie Makroud (S. 149) und Kokosbällchen (S. 144) zum traditionellen orientalischen Süßgebäck, das man zu festlichen Anlässen für Gäste zubereitet. Briouats haben also Festtagstradition. Diese kleinen Dreiecke, die nach Mandeln und geröstetem Sesam schmecken, passen perfekt zu einem guten Minztee. Auch wenn sie nicht gerade kalorienarm sind, sollte man sich diese Gaumenfreude ab und zu gönnen. Es gibt zwei Zubereitungsmöglichkeiten: Frittieren in der Pfanne und Backen im Ofen.

ZUTATEN

FÜR DIE FÜLLUNG

20 g Sesam

200 g Mandeln

2 EL neutrales Pflanzenöl

20 g Zucker

1 TL Zimt

2 EL Orangenblütenwasser

FÜR DIE DREIECKE

1,5 EL Weizenmehl

1 TL neutrales Pflanzenöl

10 Brick- oder Yufkateigblätter

ZUM FRITTIEREN/BACKEN

neutrales Pflanzenöl

FÜR DEN ÜBERZUG

1 EL Pflanzensirup (Kokos oder Agave)

1 EL Orangenblütenwasser

FÜR DIE DEKORATION

Sesam

AUSSERDEM

Blitzhacker oder Mixer

ZUBEREITUNG

1. Für die Zubereitung im Ofen den Backofen auf 200 °C vorheizen.

FÜLLUNG

2. Den Sesam in einer beschichteten Pfanne ohne Fett und bei starker Hitze 2–3 Minuten rösten. Regelmäßig umrühren.
3. Die Mandeln in einen Topf mit Wasser geben. Aufkochen, anschließend kalt abschrecken, die Häute abziehen und die Mandeln auf einem Küchenpapier ausbreiten und trocknen lassen.
4. Anschließend ein Viertel der Mandeln in einer Pfanne bei starker Hitze mit Öl 4 Minuten rösten, immer wieder umrühren, damit sie nicht verbrennen. Die Mandeln auf ein Küchenpapier legen und abkühlen lassen.
5. Die gerösteten zusammen mit den übrigen abgezogenen Mandeln in einen Blitzhacker oder Mixer geben und mixen, bis Mandelmehl entstanden ist.
6. Das Mandelmehl in eine Schüssel geben, Zucker, Zimt und Orangenblütenwasser hinzufügen. Mit den Händen zu einer homogenen Masse verarbeiten.

DREIECKE FORMEN

7. Mehl und 1,5 EL Wasser in eine Tasse geben und verrühren. Das Öl in einer anderen Tasse bereitstellen.
8. Die Teigblätter halbieren. Einen Teigstreifen nehmen und der Länge nach zusammenlegen und längs vor sich auf die Arbeitsfläche legen. Mit Öl bestreichen. Die Mandelpaste zu haselnussgroßen Kugeln formen und eine davon auf das linke untere Ende eines Teigblattes legen.
9. Die untere Ecke des Teigblattes auf die gegenüberliegende Kante falten und wiederholen, bis der ganze Streifen zusammengefaltet ist. Das obere Ende mit der Wasser-Mehl-Mischung betupfen und wie bei einem Briefkuvert einklappen, damit das Dreieck verschlossen ist.
10. Wiederholen, bis alle Teigblätter und die Mandelmasse aufgebraucht sind.
11. Die Briouats auf ein Küchenpapier legen und 10 Minuten trocknen lassen.

IN DER PFANNE

12. Öl in einer Pfanne mit hohem Rand erhitzen. Die Dreiecke in die Pfanne geben und von beiden Seiten etwa 4 Minuten unter regelmäßigem Wenden frittieren, bis sie goldbraun sind.
13. Herausnehmen und auf einem Sieb das Fett abtropfen lassen. Beim Frittieren nicht zu viele Dreiecke gleichzeitig in die Pfanne geben.

IM BACKOFEN

12. Die Briouats mithilfe eines Pinsels mit etwas Öl bestreichen.
13. Die Dreiecke auf ein mit Backpapier ausgelegtes Backblech legen. Für 5 Minuten in den Ofen schieben, bis sie goldbraun sind. Wenden und auch auf der anderen Seite 5 Minuten goldbraun backen.

ÜBERZUG UND DEKORATION

14. Sirup mit Orangenblütenwasser in einem Topf bei schwacher Hitze 5 Minuten erwärmen.
15. Den Topf vom Herd nehmen, die Briouats einzeln in den Sirup tauchen und anschließend auf ein Kuchengitter legen.
16. Die Briouats mit Sesam bestreuen. Auf einem großen Teller drapieren und mit Minztee servieren.

WISSENSWERTES

Mandeln sind wie Walnüsse reich an Omega-3-Fettsäuren und Vitamin E. Sie haben positive Auswirkungen auf die Leistungsfähigkeit unseres Gehirns, etwa die Konzentrationsfähigkeit oder das Gedächtnis. Sie enthalten Magnesium, das unter anderem hilfreich ist, um Müdigkeit zu bekämpfen. Und sie schützen Knochen, Herz-Kreislauf- und Immunsystem.

MAMAS TIPP

Diese Briouates gehören zu meinen Lieblingsgebäcken, denn sie kommen bei meiner Familie und meinen Gästen immer ganz besonders gut an. Die Zubereitung ist eher aufwendig, daher bereite ich sie ein- bis zweimal im Jahr in großzügigen Mengen zu und bewahre einen Teil davon in einer luftdichten Dose auf (so trocknen sie nicht aus). Die Füllung kann man immer wieder abwandeln. Im ursprünglichen Rezept sind es Mandeln, Sie können aber auch Pistazien, Walnüsse oder Haselnüsse verwenden. Oder auch alles zusammen.

Für 4 Personen – Zubereitung: 30 Minuten – Back- und Kochzeit: 25 Minuten

SÜSSER GEWÜRZKUCHEN (SELLOU)

Sellou ist eine uralte Süßspeise, die in der Zubereitung ein bisschen komplizierter ist. Meine Mutter macht sie etwa zweimal im Jahr und friert einen Teil davon ein. Diese Süßspeise begeistert mit ihrem unverkennbaren Geschmack, der durch das Rösten der Zutaten entsteht. Sellou ist ein Klassiker der orientalischen Küche und hat regional unterschiedliche Namen: Sellou, Sfouf, Zemeta …

ZUTATEN

60 g ganze Mandeln plus 10 Stück für die Dekoration

25 g Weizenmehl

50 g Sesam

2 EL Leinsamen

1,5 TL Zimt

1 Prise Muskatnuss

1 Prise Fenchelpulver

3 EL Sonnenblumen- oder Kokosöl

1 EL Kokos- oder Ahornsirup

AUSSERDEM
Blitzhacker

ZUBEREITUNG

1. Alle Mandeln mit kochendem Wasser überbrühen, abkühlen lassen und die Haut abziehen.
2. Das Mehl in einer beschichteten Pfanne bei mittlerer Hitze etwa 10 Minuten unter ständigem Rühren rösten, bis es leicht goldbraun ist. Darauf achten, dass es nicht anbrennt. Abkühlen lassen, sieben und beiseitestellen.
3. Die Mandeln in einer beschichteten Pfanne 5–10 Minuten goldbraun rösten. Zehn Mandeln zur Dekoration beiseitestellen. Danach auch den Sesam und die Leinsamen rösten. Abkühlen lassen. Mandeln, Sesam und Leinsamen gemeinsam fein mahlen. Beiseitestellen.
4. Das geröstete Mehl und die Mandel-Sesam-Leinsamen-Mischung in eine große flache Schüssel geben. Zimt, Muskatnuss und Fenchel hinzufügen.
5. Alles mit den Händen gut vermischen. Das Öl hinzugeben und in die Mischung einarbeiten.
6. Den Sirup 2–3 Minuten in einem Topf erwärmen. Zu der Masse geben und gut durchkneten, bis eine bröselige, sandige Masse entsteht.
7. Die Hände mit Wasser befeuchten und die Masse auf einem Teller zu einer Kuppel formen. Zur Dekoration die ganzen Mandeln gleichmäßig rund um die Kuppel oder sternförmig verteilen.

WISSENSWERTES

Leinsamen entfalten erst nach dem Schroten oder Mahlen ihre positiven Eigenschaften. Sie sollten unmittelbar nach dem Zerkleinern verzehrt werden, bevor sie durch Oxidation bitter werden. Sie enthalten Omega-3-Fettsäuren, die für viele Funktionen unseres Organismus von entscheidender Bedeutung sind (Immun-, Nerven-, Herz-Kreislauf-System).

Ihr hoher Ballaststoffgehalt macht sie auch zu einem Helfer bei träger Verdauung: Die Samen werden in Wasser über Nacht eingeweicht, dann quellen sie auf und es bildet sich ein Schleim, der in Müsli oder Joghurt eingerührt gut gegen Verstopfung wirkt. Die Samen selbst sollten jedoch nicht mitgegessen werden.

MAMAS TIPP

Sellou wird sowohl während des Ramadans als auch zu besonderen Festtagen gegessen, etwa bei Taufen oder Hochzeiten. Eine traditionelle Süßspeise, die auch gerne zum Tee oder Kaffee als Zwischenmahlzeit serviert wird.

Ich mache immer die vierfache der hier angegebenen Menge und bewahre den Rest in einem luftdichten Glasgefäß auf. So habe ich Vorräte für einen ganzen Monat.

Im Ramadan füllt Sellou die Energiespeicher nach einem entbehrungsreichen Fastentag wieder auf. Das traditionelle Rezept ist üppig und enthält sehr viel Zucker und Fett, denn es war als energiereicher Proviant für lange Reisen durch die Wüste gedacht.

Für 10 Stück – Einweichen: 8 Stunden – Zubereitung: 15 Minuten

DATTELN MIT MANDEL-WALNUSS-FÜLLUNG

Datteln werden besonders während des Ramadans als schnelle Energielieferanten verzehrt. Aber nicht nur, sie sind auch das ganze Jahr über eine beliebte Beilage, etwa zu Suppe (S. 102). Man kann sie mit allen möglichen Füllungen zubereiten, aber meine Favoriten sind eindeutig Mandeln, Walnüsse und Pistazien, die noch dazu sehr nahrhaft sind. Ein süßer Snack, der Ihre Gäste beeindrucken wird, vielleicht noch mehr als Plätzchen, denn die Datteln kann man auf vielfältige Weise präsentieren.

ZUTATEN

15 g ganze Mandeln

15 g ganze Walnüsse

10 Datteln (Medjool oder Deglet Nour)

1 TL neutrales Pflanzenöl

1 TL Orangenblütenwasser

2 Prisen Zimt

AUSSERDEM
Blitzhacker oder Mixer

ZUBEREITUNG

1. Mandeln und Walnüsse 8 Stunden in Wasser einweichen.
2. Abspülen und abtropfen lassen, in einen Blitzhacker geben und zerkleinern.
3. Die Datteln waschen und der Länge nach aufschneiden. Kerne entfernen.
4. Mandeln, Walnüsse, Öl, Orangenblütenwasser und Zimt in einer Schüssel zu einer Paste vermischen und kleine Stränge daraus formen.
5. In die entsteinten Datteln füllen. Auf einem Tablett anrichten und servieren.

WISSENSWERTES

Wenn Sie tagsüber müde sind, greifen Sie am besten zu Datteln. Dank der darin enthaltenen Vitamine, Kohlenhydrate und Ballaststoffe spenden sie frische Energie und wirken zudem auch sättigend. Sie können sehr gut raffinierten Zucker ersetzen, etwa in Gebäck, Säften oder um einen Smoothie zu süßen. Die Dattelsorte Deglet Nour ist süß wie Honig, die Medjool-Datteln sind größer und besonders weich. Für dieses Rezept sind beide Sorten geeignet.

MAMAS TIPP

Um Ihre Datteln besonders zu machen, können Sie sie erst in Kokossirup tauchen und dann mit Kokosraspeln oder gehackten Pistazien oder auch mit Sesam bestreuen. Immer wieder anders, wie es Ihnen gefällt. Die Datteln sind perfekt als Fingerfood zu einem Aassir (S. 174), einem Zaatar-Kräutertee (S. 171) oder einem Minztee (S. 168).

Für 10 Stück – Zubereitung: 15 Minuten – Trocknen: 30 Stunden–5 Tage

GETROCKNETE FEIGEN (TAZATH)

Trockenfrüchte nehmen in der orientalischen Küche einen wichtigen Platz ein, roh als Beilage zu herzhaften Gerichten oder als Zutat in zahlreichen Kuchenrezepten. Feigen und Datteln gehören zu den Trockenfrüchten, die wir am häufigsten verwenden. Meine Mutter bringt sie meist von ihren Reisen aus Marokko mit. Dort werden sie in der Sonne getrocknet. Hier ist es oft nicht sonnig genug und man benötigt den Backofen. Dieses Rezept zeigt, wie Sie Feigen entweder in der Sonne oder im Backofen trocknen können.

ZUTATEN

10 frische, reife violette Feigen

ZUBEREITUNG

TROCKNEN IN DER SONNE

1. Nur wirklich reife Feigen verwenden! Die Feigen waschen, abtrocknen, halbieren und auf ein Blech legen.
2. In die Sonne stellen. Über Nacht mit einem Geschirrtuch abdecken und am nächsten Morgen das Geschirrtuch wieder entfernen.
3. Für 4-5 Tage wiederholen.

TROCKNEN IM BACKOFEN

4. Die Feigen waschen, abtrocknen und halbieren und auf ein mit Backpapier ausgelegtes Backblech legen.
5. Backofen auf 50 °C einstellen.
6. Das Backblech mit den Feigen in den Ofen geben und die Früchte für 30 Stunden trocknen lassen. Nach der Hälfte der Zeit die Feigen wenden.
7. Die Feigen vollständig abkühlen lassen und zur Aufbewahrung in eine luftdicht verschließbare Dose geben.

WISSENSWERTES

Feigen kann man auch gut in einem Dörrautomaten trocknen. Dabei bleiben die Nährstoffe besonders gut erhalten. Feigen und auch Pflaumen regen unsere Verdauung an und bringen durch die enthaltenen Fasern und Ballaststoffe unseren Darm in Schwung. Man kann sie auch gut in Kefir geben, diese Kombination ist besonders gesund für unsere Darmflora.

MAMAS TIPP

Um Ihre eigene Feigenessenz herzustellen, können Sie die getrockneten Feigen kurz mit etwas Wasser aufkochen, in ein sauberes Glas geben und mit kaltgepresstem Olivenöl bedecken. Einige Tage stehen lassen und Sie haben einen vitaminreichen Gesundheitstrank.

Für 4 Personen – Zubereitung: 15 Minuten

OBSTSALAT AUS WASSERMELONE, HONIGMELONE UND MINZE

Bei uns werden selten Desserts nach dem Essen serviert. Süßes gibt es vor allem zwischendurch zum Minztee. Aber es ist üblich, zum Abschluss eines Essens eine große Schüssel mit geschnittenem Obst auf den Tisch zu stellen. Im Sommer sind Wassermelonen am beliebtesten. Mein Vater kauft sie in riesigen Mengen und sie halten trotzdem nicht lange! Dieser Obstsalat aus Honigmelone und Wassermelone ist erfrischend und perfekt für Sommertage.

ZUTATEN

1 Honigmelone

½ Wassermelone

10 Minzeblätter

ZUBEREITUNG

1. Honigmelone und Wassermelone aufschneiden, die Kerne entfernen und das Fruchtfleisch in Würfel schneiden.
2. Die Minzeblätter waschen und klein hacken.
3. Die Melonenwürfel in Schälchen anrichten und mit der Minze bestreuen.

WISSENSWERTES

Da die Wassermelone zu 90 % aus Wasser besteht, kann sie als wertvoller Flüssigkeitslieferant für unseren Körper dienen. Bei einer empfindlichen Verdauung ist es besser, Obst zwischendurch und nicht direkt nach einer Hauptmahlzeit zu sich zu nehmen. Stattdessen für eine optimale Verdauung 2–3 Stunden warten und das Obst als Zwischenmahlzeit am Nachmittag einplanen.

MAMAS TIPP

Wassermelonen müssen sich schwer anfühlen und eine marmorierte Schale haben. Innen müssen sie leuchtend rot sein. Klopfen Sie mit den Fingerknöcheln auf die Wassermelone. Klingt sie dumpf, ist die Melone reif.

Für 4 Personen – Zubereitung: 15 Minuten

OBSTSALAT AUS KAKTUSFEIGEN

Die Kaktusfeige, die bei uns Karmouss oder Tahendet heißt, was »indische Feige« bedeutet, ist in Marokko weit verbreitet. Meine Eltern bringen sie immer von ihren Reisen in die Heimat mit. Aber auch bei uns kann man sie kaufen, im Sommer wird sie z. B. aus Italien eingeführt. Mich fasziniert die Kaktusfeige, auch weil ich daran denke, dass sie von einer stacheligen Pflanze stammt: Neben ihren abweisenden Stacheln bringt sie wunderbar schmackhafte Früchte in Orange, Rosa, Rot und Violett hervor.

ZUTATEN

10 Kaktusfeigen

5 Minzeblätter

1 Granatapfel

ZUBEREITUNG

1. Die Kaktusfeigen mit einer Gabel aufspießen und mit einem Messer vorsichtig die Schale entfernen – auf die Stacheln achten!
2. Das Fruchtfleich in kleine Würfel schneiden.
3. Die Kaktusfeigenwürfel in eine Schale geben und vor dem Servieren mit frischen Minzeblättern bestreuen.
4. Granatapfelkerne nach Belieben hinzufügen.

WISSENSWERTES

Mit dem Verzehr von Kaktusfeigen kann man sehr gut seinen Vitamin-C- und Ballaststoffhaushalt auffüllen. Die Kerne können mitgegessen werden, aber man sollte nicht zu viele davon essen. Auch in der Kosmetik werden die Kerne eingesetzt: Zu Öl gepresst, dienen sie aufgrund der enthaltenen Antioxidantien und Fettsäuren dazu, die Haut mit Feuchtigkeit zu versorgen und Hautalterung vorzubeugen.

MAMA ERZÄHLT …

Im Norden Marokkos, woher wir kommen, ist die Kaktusfeige weit verbreitet. In der ganzen Region wird sie an Ständen am Straßenrand verkauft. Kaktusfeigen und Wassermelonen sind meine Lieblingsfrüchte, ich mache aus ihnen gerne einen Obstsalat oder einen erfrischenden Saft.

Obstsalat aus Wassermelone, Honigmelone und Minze

GETRÄNKE

Für 4 Personen – Zubereitung: 10 Minuten – Kochzeit: 5 Minuten – Ziehen lassen: 5 Minuten

MINZTEE (ATAY)

Zum Frühstück, zu Snacks, vor oder nach dem Essen ... Minztee schmeckt einfach immer. Egal ob es stürmt oder schneit, regnet oder sehr heiß ist, in meiner Familie gehört Teetrinken zum fast täglichen Ritual. Mit einem heißen Getränk kann man auch bei großer Hitze im Sommer die Körpertemperatur senken. Teetrinken gehört untrennbar zur Kultur des Orients und niemand würde eine Einladung zum Tee ausschlagen.

ZUTATEN

1 EL chinesischer Grüntee (Gunpowder)

1 Bund frische grüne Minze (Sorte Nana)

ZUBEREITUNG

1. 1 l Wasser in einem großen Topf zum Kochen bringen.
2. Mit einem Schöpflöffel ca. 1 Glas kochendes Wasser entnehmen und in eine feuerfeste Teekanne oder einen Topf aus Edelstahl geben. Den grünen Tee hinzugeben. Kurz umrühren und das Wasser abschütten, der Tee bleibt am Boden. (So werden die Bitterstoffe des Tees weggespült.)
3. Das restliche kochende Wasser zum Tee gießen und bei schwacher Hitze 2 Minuten köcheln lassen.
4. Die Minzeblätter waschen, die Stiele wegschneiden und zum Tee hinzugeben.
5. Vom Herd nehmen und den Tee 3–5 Minuten ziehen lassen. Den Tee in eine andere Kanne schütten und anschließend wieder in die Kanne oder den Topf zurückgießen. Diesen Vorgang zweimal wiederholen, um die Aromen des Tees voll zur Entfaltung zu bringen.
6. Sehr heiß in Teegläsern servieren, zusammen mit kleinem Süßgebäck.

WISSENSWERTES

Minze ist verdauungsfördernd, erfrischend und belebend. Es gibt viele verschiedene Sorten Minze. Für dieses Rezept empfehle ich grüne Minze der Sorte Nana oder Polei-Minze. Man kann auch das geschmacksintensivere Wermutkraut (Chiba) verwenden. Aber Achtung: Diese Pflanzen enthalten Wirkstoffe, über deren Wirkung Sie sich beraten lassen sollten. Grünen Tee sollten Sie nicht allzu spät am Abend trinken, denn wie Kaffee enthält er Koffein und wirkt daher anregend. Auch die Minze hat belebende Inhaltsstoffe. Daher rate ich Ihnen, den Minztee nicht mehr nach 16 Uhr zu trinken.

MAMA ERZÄHLT ...

Teetrinken gehört zu unseren liebsten Gewohnheiten, denn es ist ein Ritual der Gastfreundschaft und Geselligkeit. Mit einer Tasse Tee begrüßen wir unsere Gäste und unsere Familienmitglieder. Mein Mann trinkt seinen Tee mit viel Zucker. Auch Agavensirup ist zum Süßen geeignet. Aber oft ist das nicht nötig, denn ich serviere Süßigkeiten wie die Pfannkuchen mit den tausend Löchern (S. 143) oder Datteln (S. 159) und Ghribia (S. 146) dazu. Der Tee wird aus einer Kanne langsam eingegossen, wodurch sich eine leichte Crema bildet, die das Aroma des Tees abrundet.

Für 4 Personen – Zubereitung: 2 Minuten – Kochzeit: 5 Minuten – Ziehen lassen: 5 Minuten

ZAATAR-KRÄUTERTEE

Zaatar ist der arabische Name für Thymian. In dieser Teezubereitung ist er nicht zu verwechseln mit der Gewürzmischung Zaatar, die man in der orientalischen Küche oft verwendet und von der Thymian der Hauptbestandteil ist (s. »Mamas Tipp«). Salbei, Minze und Thymian sind in meiner Familie die wichtigsten Kräuter für einen guten Tee.

ZUTATEN

½ Bund wilder Thymian

Saft von ½ Zitrone oder einige Minzeblätter (optional)

ZUBEREITUNG

1. 500 ml Wasser in einem großen Topf zum Kochen bringen. Vom Herd nehmen.
2. Den Thymian hinzugeben und 5 Minuten zugedeckt ziehen lassen.
3. Die Zitrone auspressen oder in Scheiben schneiden und in den Topf geben.
4. Durch ein feines Sieb gießen und servieren.

WISSENSWERTES

Thymian ist ein ganz besonderes Kraut. Seine tonisierende, antiseptische und antibakterielle Wirkung ist seit Langem bekannt. Oft kommt er bei Atemwegserkrankungen zum Einsatz, etwa als Zusatz zum Inhalieren. Thymiantee ist eine wunderbare Vorbeugung gegen Erkältungen, bekämpft Müdigkeit und beruhigt den Hals.

MAMAS TIPP

Für den Zaatar-Tee wird Thymian verwendet und nicht die Gewürzmischung Zaatar, die sich aus Sumach, geröstetem Sesam, Koriander, Chili und Kreuzkümmel zusammensetzt. Zaatar schmeckt salzig und leicht säuerlich. Es wird gerne mit Olivenöl vermischt und vor dem Backen auf Fladenbrot gestrichen.

Für 4 Personen – Zubereitung: 5 Minuten – Ziehen lassen: 4 Stunden

ZITRONEN-MINZ-LIMONADE

An heißen Tagen im Sommer gibt es für mich nichts Erfrischenderes als eine Limonade mit Minze. Ich trinke sie am liebsten ohne Zucker, man kann sie aber auch mit etwas Kokos- oder Muscovadozucker süßen, um die Säure der Zitrone abzufangen.

ZUTATEN

2 Zitronen

15 Minzeblätter

1 EL Orangenblütenwasser (optional)

20 g unraffinierten Zucker: Kokoszucker, Rapadura, Muscovado (optional)

ZUBEREITUNG

1. Die Zitronen waschen, halbieren und auspressen.
2. Zesten von einer Zitrone abreiben und in einen Krug geben. Den Zitronensaft hinzufügen.
3. Die Minzeblätter waschen und ebenfalls hinzugeben.
4. Mit 1 l Wasser auffüllen, kurz verrühren und anschließend für 4 Stunden in den Kühlschrank stellen.
5. Die Zitronenlimonade durch ein feines Sieb filtern und in eine Glasflasche umfüllen.
6. Nach Belieben Orangenblütenwasser hinzufügen und unterrühren.
7. Die Limonade bis zum Servieren kühl aufbewahren, optional noch etwas nachsüßen.

WISSENSWERTES

Achten Sie sowohl im Sommer als auch im Winter auf eine ausreichende Flüssigkeitszufuhr. Am besten ist reines Wasser. Auch Obst und Gemüse führen unserem Körper Flüssigkeit zu. Die richtige Temperatur und die richtige Menge sind ebenfalls wichtig, nicht zu viel und nicht zu kalt. Beim Essen selbst weniger trinken, denn zu viel Flüssigkeit behindert die Verdauung.

MAMAS TIPP

Nehmen Sie für dieses Rezept gute Bio-Zitronen. Wenn Sie es weniger »zitronig« möchten, können Sie die Zitronenzesten weglassen.

Für 2 Personen – Zubereitung: 5 Minuten

SMOOTHIES (AASSIR)

Bei uns heißen Smoothies Aassir. Sie variieren zwischen Pflanzenmilch und Fruchtsäften und die Zutaten sind vielfältig. Zu jeder Tageszeit liefern sie Energie und Vitamine und immer wieder kann man neue Geschmacksrichtungen kreieren, mit saisonalem Obst und Gemüse und der Zugabe von Trockenfrüchten. In meiner Familie ist die Banane der Spitzenreiter, sie wird von meiner Mutter in vielen Smoothies verarbeitet. Zum Süßen verwenden wir statt Zucker immer Datteln.

ZUTATEN

BANANEN-DATTEL-SMOOTHIE

500 ml pflanzliche Milch (Mandel, Kokos, ...)

2 Bananen

1 Prise Zimtpulver

3 Datteln ohne Kern, Sorte Deglet Nour

MANDEL-ORANGENBLÜTEN-SMOOTHIE

500 ml Mandelmilch

100 g ganze Mandeln, geschält

1 Prise Zimt

1 TL Orangenblütenwasser

3 Datteln ohne Kern, Sorte Deglet Nour (optional)

AVOCADO-SMOOTHIE

500 ml pflanzliche Milch (Mandel, Kokos, ...)

2 reife Avocados

1 EL Orangenblütenwasser (optional)

3 Datteln ohne Kern, Sorte Deglet Nour (optional)

ZITRONEN-MINZ-SMOOTHIE

500 ml Wasser

1 Zitrone (Saft)

½ Limette (Saft)

8–10 frische grüne Minzeblätter

3 EL Rohzucker oder 1 Apfel, püriert* (optional)
*Den Saft durch ein feines Sieb filtern.

AUSSERDEM

Mixer

ZUBEREITUNG

1. Alle Zutaten in einen Mixer geben.
2. Mixen, etwa 2–3 Minuten lang.
3. Gekühlt servieren.

WISSENSWERTES

Was ist der Unterschied zwischen einem Saft und einem Smoothie? Smoothies bereitet man im Mixer zu, Fruchtfasern und wertvolle Ballaststoffe sind im Getränk enthalten. Sie sorgen dafür, dass der Zucker langsamer aufgenommen wird und der Blutzuckerspiegel schonender ansteigt. Beim Entsaften hingegen wird der Saft extrahiert, ohne Fruchtfasern. Dies kann bei unruhiger Verdauung von Vorteil sein. Und viele Menschen empfinden die Konsistenz des reinen Saftes als angenehmer.

Um glykämische Spitzen zu vermeiden und aus Ihren Fruchtgetränken einen noch größeren gesundheitlichen Nutzen zu ziehen, empfehle ich die Zugabe von Gemüse: Karotte, Sellerie, Fenchel, Gurke ... unzählige kleine Nährstoffwunder, um Vitalität zu tanken!

MAMAS TIPP

Meinen Aassirs füge ich keinen Zucker hinzu, da die Früchte meistens an sich schon genug Süße haben. Falls noch etwas mehr Süße gewünscht ist, sind Datteln meine erste Wahl. Es gibt so viele Variationen und Kombinationen! Mit Ölsamenmus (Mandel, Cashew, Erdnuss, ...) oder einer Prise Zimt können die Aassirs nach Belieben verfeinert werden.

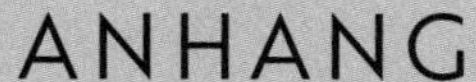

ANHANG

BIBLIOGRAFIE

ARTIKEL UND PUBLIKATIONEN

Bode, A., Dong, Z., »The Amazing and Mighty Ginger«, *Herbal Medicine: Biomolecular and Clinical Aspects*, 2. Auflage, Boca Raton (FL): CRC Press/Taylor & Francis, 2011.

Rahmani, A., *et al.*, »Role of Curcumin in Disease Prevention and Treatment«, *Advanced biomedical research*, 2018.

Mayer, E., »Gut feelings: the emerging biology of gut-brain communication«, *Nature reviews Neuroscience*, 2011.

De Cabo, R., Mattson, M., »Effects of Intermittent Fasting on Health, Aging, and Disease«, *The New England journal of medicine*, 2019.

Young-Hee, L., *et al.*, »The effects of heat and massage application on the autonomic nervous system«, *Yonsei medical journal*, 2011.

Mariotti, F., Gardner, C. D., »Dietary Protein and Amino Acids in Vegetarian Diets-A Review«, *Nutrients*, 2019.

Ted, E., »How does your body know you're full?« (Video), Hilary Coller, Nov 2017.

Johnson, C., Thavarajah, D., Combs, G., *et al.*, »Lentil (Lens culinaris L.): A prebiotic-rich whole food legume«, *Food Research International*, 2013.

Sousa, V., Santos, E., Sgarbieri, V., »The Importance of Prebiotics in Functional Foods and Clinical Practice«, *Food and Nutrition Sciences*, 2011.

Bhat, S., *et al.*, »Coriander (Coriandrum sativum L.): Processing, nutritional and functional aspects«, *African Journal of Plant Science*, 2014.

Rathore, S., *et al.*, »Potential health benefits of major seed spices«, *International J. Seed Spices*, 2013.

Gürbüz, N., *et al.*, »Health benefits and bioactive compounds of eggplant«, *Food chemistry*, 2018.

Khairul Alam, M., »A comprehensive review of sweet potato (Ipomoea batatas [L.] Lam): Revisiting the associated health benefits«, *Trends in Food Science & Technology*, 2021.

Olmo-Cunillera, A., *et al.*, »Is Eating Raisins Healthy?«, *Nutrients*, 2019.

Ma, Z. F., Zhang, H., »Phytochemical Constituents, Health Benefits, and Industrial Applications of Grape Seeds: A Mini-Review«, *Antioxidants (Basel)*, 2017.

Sochorova, L., Prusova., B, Cebova, M., *et al.*, »Health Effects of Grape Seed and Skin Extracts and Their Influence on Biochemical Markers«, *Molecules*, 2020.

Lynch, S. R., Cook, J. D., »Interaction of vitamin C and iron«, *Annals of the New York Academy of Sciences*, 1980.

Zijp, I. M., *et al.*, »Effect of tea and other dietary factors on iron absorption«, *Critical reviews in food science and nutrition*, 2000.

Morck, T. A., *et al.*, »Inhibition of food iron absorption by coffee«, *The American journal of clinical nutrition*, 1983.

Turco, I., Ferretti, G., Bacchetti, T., »Review of the health benefits of Faba bean (Vicia faba L.) polyphenols«, *Journal of Food & Nutrition Research*, 2016.

Gruenwald, J., Freder, J., Armbruester, N., »Cinnamon and Health«, *Critical Reviews in Food Science and Nutrition*, 2010.

Andallu, B., Rajeshwari, C. U., »Aniseeds (Pimpinella anisum L.) in Health and Disease«, Editor(s): Victor R. Preedy, Ronald Ross Watson, Vinood B. Patel, Nuts and Seeds in Health and Disease Prevention, *Academic Press*, 2011.

Shojaii, A., Abdollahi Fard M., »Review of Pharmacological Properties and Chemical Constituents of Pimpinella anisum«, *ISRN Pharm.*, 2012.

Samarghandian, S., Farkhondeh, T., Samini, F., »Honey and Health: A Review of Recent Clinical Research«, *Pharmacognosy research*, 2017.

Saat, M., Singh, R., Gamini Sirisinghe R., *et al.*, »Rehydration after Exercise with Fresh Young Coconut Water, Carbohydrate-Electrolyte Beverage and Plain Water«, *Journal of Physiological Anthropology and Applied Human Science*, 2002.

Cortés-Rojas, D. F., de Souza, C. R., Oliveira, W. P., »Clove (Syzygium aromaticum): a precious spice«, *Asian Pac J Trop Biomed*, 2014.

Aboualsoltani, F., *et al.*, »Therapeutic Effects of Citrus aurantium Components on Psychological States: A Systematic Review«, *Crescent Journal of Medical and Biological Sciences*, 2020.

Johnson, E., Mustra Rakic, J., Tanprasertsuk, J., *et al.*, »Effects of Daily Almond Consumption for Six Months on Cognitive Measures in Healthy Older Adults: A Randomized Control Trial«, *Current Developments in Nutrition*, 2020.

Parikh, M., *et al.*, »Dietary Flaxseed as a Strategy for Improving Human Health«, *Nutrients*, 2019.

Al-Farsi, M., Yong Lee, C., »Nutritional and Functional Properties of Dates: A Review«, *Critical Reviews in Food Science and Nutrition*, 2008.

Vinson, J., Zubik, L., Bose, P., *et al.*, »Dried Fruits: Excellent *in Vitro* and *in Vivo* Antioxidants«, *Journal of the American College of Nutrition*, 2005.

Koubaa, M., Mhemdi, H., Barba, F.J., *et al.*, »Seed oil extraction from red prickly pear using hexane and supercritical CO2: assessment of phenolic compound composition, antioxidant and antibacterial activities«, *Journal of the Science of Food Agriculture*, 2017.

»La menthe et ses multiples effets kisscool«, Plantes Médicinales, *Plantes & Santé*, 2015.

»Green Tea«, *Drugs and Lactation Database (LactMed)*, National Library of Medicine (US), 2021.

Patil, S. M., Ramu, R., Shirahatti, P. S., *et al.*, »A systematic review on ethnopharmacology, phytochemistry and pharmacological aspects of *Thymus vulgaris* Linn«, *Heliyon*, 2021.

Zu, Y., Yu, H., Liang, L., *et al.*, »Activities of ten essential oils towards Propionibacterium acnes and PC-3, A-549 and MCF-7 cancer cells«, *Molecules*, 2010.

Hirshkowitz, M., Whiton, K., Albert, S., *et al.*, »National Sleep Foundation's sleep time duration recommendations: methodology and results summary«, *Sleep Health*, 2015.

Suni, E., »How much sleep do we really need«, Sleep foundation, 2021.

Nugent, A.P., »Health properties of resistant starch«, *Nutrition Bulletin*, 2005.

BÜCHER

Shelton, H. M., *Food combining made easy*, Martino Fine Books, 1951.

Yeager, S., *Guide des Alicaments*, Marabout, 2000.

Howell, E., *The Status of Food Enzymes in Digestion and Metabolism*, National Enzyme Company, 1946.

Enders, G., *Le Charme discret de l'intestin*, Actes Sud, 2020.

William, A., *Life changing foods*, Hay House, 2016.

Ravanas, I., Sol-Rolland, D., *Tout naturellement veggie*, Solar Santé, 2016.

Mulot, M.-A., *Secrets d'une herboriste*, Éditions du Dauphin, 2015.

Fargepallet-Chansigaud, A.-V., *24 h avec une naturopathe*, Marie Claire éditions, 2018.

Argelas, D., *La Naturopathie & la loi des cinq éléments*, Éditions Amyris, 2015.

Allioux Goldfarbe, C., *Trouver son rythme grâce à la naturopathie*, Éditions Jouvence, 2016.

Lorrain, E., *La Phyto – Ma médecine au naturel*, Dunod, 2021.

DANKSAGUNG

Mein größter Dank geht an **meine Mutter**. Gemeinsam mit ihr habe ich dieses Buch geschrieben, um ihre Rezepte festzuhalten und sie mit Ihnen zu teilen. Ich bedanke mich für ihre Geduld, ihre Unterstützung und ihre immerwährende Sanftmut. Danke auch für all die köstlichen Gerichte, die wir während der Arbeit an diesem Buch gemeinsam gekocht haben!

Meinem Mann Mohamed danke ich für seine unerschütterliche Unterstützung während der gesamten Entstehung dieses Buches, von der Idee bis hin zur Fertigstellung des Manuskripts.

Bei **meiner Schwester Mariam** bedanke ich mich für ihre Hilfe beim Korrekturlesen der Rezepte.

Vielen Dank an **Wendy und Céline,** für ihr Wohlwollen und Vertrauen in dieses Projekt und dafür, dass sie es mir ermöglicht haben, meine Idee von einem Kochbuch mit den Rezepten meiner Mutter zu verwirklichen, denn dies erschien mir zunächst unmöglich.

Meinen Klienten danke ich für ihr Vertrauen und freue mich, dass sie sich für eine gesunde Ernährung entschieden haben. Sie inspirieren mich jeden Tag aufs Neue.

Vielen Dank auch an **Frédéric Boukobza,** den Direktor des Isupnat-Instituts (dort habe ich meine Ausbildung absolviert), für seine Unterstützung bei meinem Vorhaben.

Mit einem Augenzwinkern bedanke ich mich bei meinen **Kolleg:innen vom Isupnat,** mit denen ich in den letzten zwei Jahren so viele Wochenenden verbracht habe.

Und ich kann dieses Buch nicht enden lassen ohne einen »Streicheldank« an meine beiden Gourmetkatzen **Tofu und Tempeh,** die mich immer komplizenhaft beim Schreiben beobachtet haben.

LIEBE LESER:INNEN,

wir freuen uns, dass wir mit diesem Buch Teil Ihrer kulinarischen Reise sein dürfen. Noch mehr Inspiration, köstliche Anregungen und kreative Erlebnisse finden Sie auf unserer Verlagsseite **www.stiebner.com**.

TRETEN SIE MIT UNS IN KONTAKT!

Wir sind immer offen für Ihre Anregungen, Wünsche und Kritik – schreiben Sie uns gerne unter **verlag@stiebner.com**. Da geteilte Freude bekanntlich doppelte Freude ist: Zeigen Sie uns Ihre kulinarischen Kreationen auf Social Media! Markieren Sie uns mit **@stiebnerverlag** oder nutzen Sie die folgenden Hashtags:
#StiebnerVerlag #StiebnerGenuss #OrientVegan

Erstmals erschienen unter dem Titel Cuisines Orientales Vegan,
Text: Ikrame und Fatima El Bouayadi
Fotografie: © Pascale Cholette, außer
© iStock – S. 12: NatashaBreen; S. 15: monticellllo; S. 20: fcafotodigital; S. 23: ArtLana
Übersetzung aus dem Französischen: Martina Schmid, eurolanguage Fachübersetzungen GmbH
Cover und Layout der Originalausgabe: Nicolas Gallois
Cover und Layout der deutschen Ausgabe: Danai Afrati
Projektleitung und Lektorat: Dr. Verena Stindl
Gedruckt bei Imprimerie Pollina, 71 D44, 85400 Chasnais, Frankreich, mit pflanzlichen Druckfarben auf chlorfreiem Papier aus nachhaltig bewirtschafteten Wäldern

ISBN 978-3-8307-1071-4

Bibliografische Information der Deutschen Nationalbibliothek:
Die Deutsche Nationalbibliothek verzeichnet diese Publikation in der Deutschen Nationalbibliografie; detaillierte bibliografische Daten sind im Internet über http://dnb.dnb.de abrufbar.

Wir produzieren unsere Bücher mit großer Sorgfalt und Genauigkeit. Trotzdem lässt es sich nicht ausschließen, dass uns in Einzelfällen Fehler passieren. Auf unserer Webseite finden sich bei dem jeweiligen Titel eventuelle Korrekturen (Errata). Sollten Sie in diesem Buch einen Fehler finden, so bitten wir um einen Hinweis an **verlag@stiebner.com**. Für solche Hinweise sind wir sehr dankbar, denn sie helfen uns, besser zu werden.

www.stiebner.com